泥沼ニッポンの再生

国難に打ち克つ10の対話

伊藤 真×植草一秀

ビジネス社

はじめに

伊藤　真

戦後七〇年が過ぎたいま、日本社会は二つの大きな危機を迎えようとしています。

一つは、国民の主権が危機に瀕しています。

二〇一三年一二月六日、多くの国民の声を押し切って、与党議員の数の力を背景とした強行採決により特定秘密保護法が国会で制定されました。この法律は、政府にとって都合が悪い情報を「特定秘密」に指定することにより、主権者である国民に対して知らせないようにすることが可能な制度になっています。

また、二〇一五年九月の通常国会では、多くの市民が国会の内外で連日反対の声を挙げるなかで、これまた与党議員の数の力による強行採決により安保法が成立しました。この法律は、歴代の日本政府も憲法違反であると断言してきた自衛隊の海外での武力行使や、米軍など他国軍への後方支援を世界中で可能とし、戦後日本が維持してきた「専守防衛」の政策を大きく転換するものです。憲法改正権者である主権者たる国民を無視して戦後の日本を支えてきた政策が大きく変えられようとしています。

さらに、二〇一五年一〇月二一日には、野党議員らが連名で臨時国会の召集を要求したにもかかわらず、安倍政権は、臨時国会を召集しないという暴挙に出ました。これは、いずれかの議院の総議員の四分の一以上の要求があれば、内閣は、臨時国会の召集を決定しなければならない旨を定めている日本国憲法五三条に明確に反しています。ＴＰＰ交渉や安保法、消費税増税といった国政上の重要な問題について、野党からの追及を避けるために、臨時国会を召集しなかったものと考えられます。

与党である自民党は、災害対策などを理由として「緊急事態条項」を導入する憲法改定を目指していますが、自民党改憲案に定められている「緊急事態条項」は、いったん政府が緊急事態を宣言すると、政府が法律に代わる政令を制定できるようになり、また、緊急事態を宣言した場合には選挙期日の特例を設けることができるとされています。

緊急事態を口実として、主権者国民の意向とはかかわりなく政府が平常時の法制度を勝手に変えてしまったり、選挙が停止・凍結されて与党議員が多数派を占める状態での「万年国会」「万年議員」が実現することになるのではないでしょうか。

主権者である国民の声を無視して、まともな議論も尽くさないままに、いまの日本は「国民に情報を知らせない国」「戦争をする国」「グローバル企業に喰われる国」「国民に重税を課す国」「民主主義を放棄する国」に変わりつつあると言えるのではないでしょうか。

日本社会が直面しているもう一つの危機としては、国家の主権が危機に瀕していることです。

小泉政権時代から始まった郵政「改革」はアメリカの「年次改革要望書」の要求を受け入れ

るかたちで実現し、安保法も「第三次アーミテージ・ナイ・レポート」の要求を受け入れるかたちで立法がされています。

TPPの締結などをめぐって、同様の事態が農業・医療・保険などの分野においても起きつつあります。TPPについては、関税が撤廃され、サービス・医療・食品の安全性・雇用・投資等に関するルールが統一されることになると宣伝されていますが、日本が長い間かけてつちかってきた農林業、食品安全基準、医療、社会保険制度や安全規制などに対する打撃が懸念されるところです。

すでに、日本国内においても国家戦略特別区域法に基づく特区が設けられており、そこでは医療法規の特例や外国人医師・看護師の業務解禁、混合診療の実施など、従来の医療規制を変えるような計画が定められています。これらは安倍政権が「成長戦略」の名の下で進めているとされていますが、背景にはグローバル企業による外圧があります。

国連人権理事会によって独立専門家に任命されたアルフレッド・デ・サヤス氏（米国）は、二〇一六年二月四日のTPP署名式直前に「TPPに署名しないか批准しないことが、民主的に選ばれた（各国の）議会の責務である」「世界中でTPPは反対されているにもかかわらず、企業のロビイング活動によってTPPは署名のテーブルに引き出されている」といった声明を発しています。

国民の主権と国家の主権という、二つの主権が危機に瀕しているいま、主権者である国民一人一人が、いままさに進行しつつある状況をどう考えていくのか、そして、これからどのような社会や国をつくっていくのかが問われている時代になっていると思います。そのためには、まず、憲法を学び、日本と国際社会の現状を学び、さまざまな立場の人たちと主体的に議論をしていくことが求められるのではないでしょうか。

私と植草さんとの対談を収めた本書が、日本という主権国家を支える一人一人の主権者が主体的に考え、行動していくためのささやかなヒントの一つになれば幸いです。

もくじ

第2章　三権分立が機能していない日本

第3章 緊急事態条項と本当の民主主義

第4章 主権の喪失を意味するTPPへの加入

第5章 国家なのか、国民なのか？

第6章 亡国の道をひた走る安倍政権

第7章 メルトダウンするアベノミクス

第8章 すべてを解決する「一人一票」の実現

第１章

史上最大の危機

政治を平和と共生の方向へ変えるために ―― 植草

二〇〇九年に政権交代があったものの、三年後の二〇一二年には自民党が復活、第二次安倍政権が生まれた。この安倍政権が二〇一三年の参院選で衆参ねじれを解消した結果、暴走に次ぐ暴走を続けるなか、この国は危機的局面を迎えるに至った。ごくシンプルに言えば、安倍政権は日本を強引に戦争と弱肉強食の方向に進めてしまったからである。

いまの政治を平和と共生の方向に変えなければならない。こうした認識に立って、昨年の六月一二日、「オールジャパン平和と共生」という市民運動をネット上に立ち上げた。

その勉強会を昨年九月三日と一〇日に開催した。TPP（環太平洋経済連携協定）と安保法制、いわゆる戦争法の問題についてテーマ別勉強会を行い、一〇月八日には総決起集会という形で集会を開催。さらに一〇月末に軽井沢で、一部賛同者等が集まってミーティングを行い、この三月には野党四党代表者と市民代表が一堂に会して、「安倍政治を許さない！ 参院選総決起集会」を開催した。

そんな活動のなかで伊藤真さんには、「オールジャパン平和と共生」の顧問にもなっていただき、戦争法、あるいは憲法の問題、日本の民主主義の問題についてお話をうかがった。「オールジャパン平和と共生」では、いま、日本が抱えている問題点として、昨年九月一九日に強行制定された戦争法に代表される憲法の問題、原発の稼働、TPP、沖縄で進んでいる基地の建設、そしてアベノミクスの結果として現れている格差の問題を掲げている。格差問題の中心には消費税の問題もある。

また、仮に安倍政権の改憲方針に賛同する勢力が参議院三分の二の勢力を占有してしまうと、安倍政権が日本国憲法に緊急事態条項を盛り込む可能性が高く、安倍独裁政治をいよいよ本格稼働させる根拠がつくられてしまう危険が極めて高まっていると言わざるを得ない。まずは伊藤さんの現状認識と問題点の抽出をおうかがいしたい。

危機にさらされている国家の主権と国民の主権――伊藤

日本は国民主権国家の体をなしていない。いま、ますますそれが溶解していく状況にあるのではないかと、非常に大きな危機感を抱いている。その視点を大づかみに表現すると、「二つの主権の喪失」になるだろうか。

そもそも独立主権国家として存立するためには、最高独立性という意味の主権がなければならない。主権という言葉は多義的だが、一般には三つの意味で使われる。

一つは統治権。立法、行政、司法の国家権力の総体の意味で使われる。二つ目は最高独立性という意味で使われることがある。これは一六世紀、フランスのジャン・ボダンという法学者が提唱したもので、「さまざまな権力を国家に集中させ、対内的には国家が最高、対外的には独立した統治権力を有する。独立主権国家とはそういう主体なのだ」という概念である。

三つ目が、その独立主権国家のなかにおける最高決定権、政治的な意思決定を誰が行うのかだ。いわば政治的な最終的な意思決定の権威、または権力という意味の主権。これは独立国家のなかで、君主にその決定権があるのか、それとも国民にその決定権があるのか、国家のなかにおける主権の所在を示す概念である。

日本の国は、最高独立性という意味での国家の主権が〝維持〟できているのかどうか。これが危機に瀕していないか。これが一つの私の視点です。

そしてもう一つの視点は、その国家のなかにおける最高意思決定権を誰が持っているのかだ。本来それが国民にあることを国民主権と呼ぶ。本当に国民の意思で、この国の政治のあり方が最終的に決まっているのだろうか。国家の主権と国民の主権という二つの主権がいま、失われつつある危機にさらされているのではないか。

国家のなかの国民がいわば国家権力を行使する人たちと対峙する場合、憲法で国家権力を縛って、国民の意思にかなう、国民の考えにかなう国家権力の行使をさせていくのが本来の姿であろう。そのときの国民の意思の現れが憲法なのである。だから、憲法とは国づくりの設計図であると同時に、「この設計図通り政治家や官僚や裁判官たちは国づくりの仕事をしなさい」と彼らに命ずる命令書のようなものなのだと思う。

したがって、あくまでも国づくりの主体は国民であり、それが国民主権の本質と言える。国民と国家、この二つが対峙して、より良い社会、国をつくっていこうではないか。これが立憲主義の憲法の基本的な発想なのだ。

ところが昨今、その国民と国家とは別に、グローバル企業なるものが存在して、これは日本国内も外国もそうかもしれないが、これがあたかも二つの主権の〝主体〟であるかのごとく動き回っている印象が強い。グローバル企業によって、独立国家、日本の主権が侵害され、そしてなおかつ国民主権の主体である国民の主権、それもまた侵害されてはいないかと。そういう意味で二つの主権が非常に危機に瀕しているのではないかと思っている。

変化のきっかけとなった二〇〇〇年のアーミテージ・レポート――伊藤

冒頭に植草さんから戦争法の話が挙がったが、もともと日本国憲法は、主権の行使としての戦争を認めていない。国権の行使としての戦争もしないし、武力の行使もしなければ、国家としての交戦権も持たないことを第九条で宣言しているからである。

ところが、二〇〇〇年のアーミテージ・レポートの頃からアメリカは日本政府に対して、集団的自衛権を行使できるようにしなさい、その大きな障害になっているのが第九条の存在であるといったプレッシャーをかけてきた。その影響を受けながら、この国の安全保障政策がどんどん変わってきているのが実状だ。

そのなかで、いわゆる日米のガイドラインが改定され、日本の安全保障の政策は、アメリカに引きずられるかたちで変容を遂げてきた。

米国の命令に隷従する安倍政権

アメリカの要望書と日本政府の対応

第3次アーミーテージ・ナイレポート（2012年8月） 〜日本への提言（9項目）		日本の対応
1	原発の再稼働	対応済（川内原発再稼働）
2	海賊対処・ペルシャ湾の船舶交通の保護、 シーレーンの保護、イラン核開発への対処	安保法制により対応
3	TPP交渉参加〜日本のTPP参加は米国の戦略目標	対応済（TPP交渉参加）
4	日韓「歴史問題」直視・日米韓軍事的関与	対応済（法案成立前に日韓米共同演習参加）
5	インド・オーストラリア・フィリピン・台湾等の連携	対応済（安倍首相の外遊）
6	日本の領域を超えた情報・監視・偵察活動 平時・緊張・危機・戦時の米軍と自衛隊の全面協力	安保法制により対応
7	日本単独で掃海艇をホルムズ海峡に派遣 米軍との共同による南シナ海における監視活動	安保法制により対応 南シナ海で日比合同演習実施（法案成立前）
8	日米間の。あるいは日本が保有する国家機密の保全	対応済（特定秘密保護法）
9	国連平和維持活動（PKO）の法的権限の範囲拡大	今回のPKO法改正により対応
その他		
10	集団的自衛権の禁止は同盟にとって障害だ	閣議決定し今回の安保法制で障害除去
11	共同訓練、兵器の共同開発、 ジョイント・サイバー・セキュリティセンター	前述の共同演習参加（法案成立前）
12	日本の防衛産業に技術の輸出を行うよう働きかける	対応済（防衛装備移転三原則に改正）

最終的には二〇〇〇年当時、国務副長官でしかなかったアーミテージが言及したとおりの、「集団的自衛権の行使」を認めるような流れに一五年かけてどんどん変わってきてしまった。

それを具体的に言えば、日本の独立国家としての主権、交戦権を行使しない。国家として交戦権を行使しないと宣している憲法を持っている国が、外国の影響を受けて独立国家としての主体性を保てなくなってきたということになろう。

昨年なども、アメリカの連邦議会で、「安保法制を成立させます」と日本の安倍首相が約束をして帰ってくる始末であった。

そして現場でのガイドラインの改定、いわば軍事の一体化が進んでから、その後にやっと日本の国会での議論（実質的な内容はなかった）という流れになってしまっている。

まさに独立主権国家としてものが言えているのか、それから日本の国内において、国民の声がこの安全保障政策に正しく反映されているのか。その点でも国民の多くが反対をして、「もっと十分に審議しろ」といった安保法制が、たった二四％の支持しか得ていないような政治家たちに採決の強行をされて決められてしまった。

まさに今度は主権者国民の意思がないがしろにされて、最も重要な生命という人権が侵害される恐れのある、また他国の人々の生命という最大の人権侵害をする危険のある、わかりやすい言葉で言えば、「殺し殺される危険」が生じるような法律を、国民の意思を無視してつくってしまったわけである。

日本の国家としての独立性は本当に保てているのか？——伊藤

もともと憲法とは国民が自分たちの国をどうしたいのか、その意思の現れのはずだ。戦争をしない国を国民はつくり上げたいと考えて憲法九条を設けたわけだから、もし国のかたちを戦争を〝する〟国に変えるのであれば、憲法改正の手続きを、主権者国民が〝主体的〟に行って、憲法の枠組みを変えていかねばならない。

それが本来の立憲主義国家だし、国民主権国家のありようである。そのプロセスがまったく無視されて、この国のかたちが変わってしまおうとしている。これは国民主権という意味の主権が、ないがしろにされていることの現れであろう。

原発の問題も同様だ。これもいわば国民、国家として決めているのか、それとも国家とは別のグローバル企業の影響を受けてしまっているのか。

原発の再稼働に反対する国民の声、それを無視する動きを見せる政府の姿を鑑みると、原発をめぐるアメリカとの関係については、かなり根深いものがあるような気がしてならない。

またTPPについて言えば、例のISDS条項（Investor State Dispute Settlement）などに象徴されるようなかたちで、日本の意思で、もはや国内の法整備、国民のための法整備ができなくなってしまうわけだから、正式参加すれば、確実に日本の独立主権国家の部分が損なわれる。さらにTPPに関する審議の過程を国民は事実上、何も知らされない。秘匿期間は四年におよぶ。

今年四月にも衆院特別委員会で民進党の求めで提出された政府の交渉資料がすべて黒塗りだったように、国会議員ですら、どのような経緯でこの条約の締結に到るのかがまったく不明である。これは主権者である国民が判断できない状況のままで進んでいる由々しき事態と言わざるを得ない。

日本国憲法の背骨となる国民主権、人権、平和主義 ―― 植草

TPPのISDS条項が利用されて提訴されると、日本の国外にある裁定機関の決定が最終

決定になってしまい、日本は国家としてそれに抗弁できない。これはまさに主権の〝喪失〟そのものだろう。独立性という意味での主権の放棄あるいは否定という動きがいま、本格的に進んでいるわけである。

一方で、主権は国民にあることを憲法は定めているが、本当にそうなのかと疑義を挟まざるを得ないような、さまざまな決定が行われている。

伊藤さんはよく「日本国憲法には平和と人権という二つの大きな目的があって、その目的を達成するために国民主権という方法を取るのだ」と言う。日本国憲法は、私たちにも非常になじみがあるし、これを大切にしようと考える国民は非常に多いと思う。

憲法の一部を変えてもいいのではないかとする議論もあるものの、日本国憲法の背骨となっている国民主権、そして人権、平和主義を変えようという意見は極めて少ない。

ただ、憲法の成り立ちにおいて、これはGHQが主導して、日本人が決めたものではない。だからこれは日本人が自分たちで憲法をつくるべきだとする議論はたしかにある。

だが、日本国憲法の第九条の平和主義などの起草にあたって、いろいろな文書を調べると幣《しで》原《はら》喜《き》重郎《じゅうろう》首相の意向などが強く〝反映〟されており、むしろ日本のなかからも戦争放棄という提案もあった。そして戦争放棄の提案を含む憲法案が国会でも審議されて、正当な手続きを踏んで制定されたという意味で言えば、十分な正当性を持つ憲法であるのではないか。

ただし、日本国憲法の正当性という問題について、「押しつけ憲法論」のような議論があるのも事実である。

「押しつけ憲法」と言われるようになった背景――伊藤

一九四五年八月一四日にポツダム宣言を日本国は受諾した。そのポツダム宣言のなかに、日本が民主的な国家になるという趣旨が内包されていた。これにより、日本は、当時の大日本帝国という国家の意思として、大日本帝国憲法を改定することを、ポツダム宣言という条約上、約束をしたことになる。もっと言えば、その履行をしなければならない国際法上の〝義務〟を負ったわけである。これを受けて、政府の側も松本烝治《まつもとじょうじ》委員長を核とした憲法改正の委員会をつくって、草案の準備を行っていた。

ところが政府が用意していた案は、天皇主権のままで、とても約束を履行したことにはならない。特にそれをマッカーサーが毎日新聞のスクープで知ってからは、進駐軍内にこれではとても他の連合国が納得できないだろうという空気が強まった。

こうした経緯のなかで、それでもマッカーサーは天皇制を残さなければ、日本の間接統治はうまくできないのだという思いを持っていたのだろう。急遽、民生局の部下たちに叩き台をつくらせた。一方でマッカーサーは一般市民の、たとえば鈴木安蔵氏など民間の憲法草案をきちんと参考にしている。そして、それを当時の内閣に押しつけたのだと私は考えている。

だから、押しつけられた事実はあったのかと言われれば、その事実はあった。ただ、それは旧体制が良かった、明治憲法が良かったと考えていた人たちが押しつけられたという事実があったのであって、多くの国民は〝解放〟されたと考えていたのだろうと私は思う。

そしてまた、押しつけ憲法という言葉自体に問題があった。その後の自由党の憲法調査会において、政府の憲法改正委員会の松本委員長が呼ばれて、「当時はどうだったのか？」と聞かれた際、感情的になって「押しつけられたのです」と答えた。政治家たちは、「押しつけ憲法か、これは使える」と色めきたち、その言葉が〝政治利用〟されるようなったと聞いている。つまり、当初から押しつけ憲法という言葉があったわけではない。

そして何よりも重要なことは、女性も選挙権を持つ、新しい日本の民主的な選挙で選ばれた代表者の議会で、十分な審議、討論等を経て議決がなされたことである。これは紛れもなく日本国憲法が「国民の意思」によって制定されたことを意味し、この事実は動かせない。

法律も含めてそうなのだが、法とは、誰がその条文案を起草するかはあまり重要ではない。重要なのは審議、討論、議決を誰が行ったのかである。

周知のとおり、日本で成立する法律の八割以上は内閣提出法案、すなわち官僚が条文をつくっており、国会議員ではない。民主的なバックグラウンドを持たない単なる官僚が、今回の安保法制についても全部条文をつくっているわけだ。

もし最初の草案を誰がつくったのかにこだわって、ゆえに無効だと言いだしたら、日本の法律の八割以上は無効だということになる。しかしながら、誰もそんなことは言わない。

それは官僚がつくり、内閣が提出した法案でも、国会で十分な審議、討論、議決がなされたならば、それは国会がつくった法律、国民がつくった法律とみんなが認めて、正当性を与えるわけである。それが法の「理屈」だからだ。憲法だけ、最初に誰が叩き台をつくったことにこだわるのは、まったく意味のない議論だと思う。

あえてもう一つの理由を言えば、それはこれまで国民が日本国憲法を最高法規として認めて、この国において「七〇年間」も運用されてきた〝事実〟であろう。

七〇年前の一一月三日に公布されてから、日本国民がこれを憲法と認めて、その下ですべての国家権力が行使されてきたという事実、これは絶大なる事実である。

いつでも国民は、自らの意思で、この憲法を改正することができた。にもかかわらず、国民はこの憲法を認め、その下で権力行使が行われてきたという事実は動かせない。したがって、まったくもって現憲法の正当性は疑いようがない。

以上論じてきたものが、おそらく私はいまの憲法学の「定説」ではないかと思っている。よって、学問的にこの憲法だからどうこうという議論は、ちょっと考えられない。とっくに克服された議論なのだから。

ただ、「押しつけ憲法」という言葉自体にけっこうなインパクトがあることから、一定の意味合いをもって政治利用されているに過ぎない。

憲法改定の発議要件のハードルを下げようとした安倍政権――植草

憲法については、国の基本法であると私は捉えている。一方で憲法は権力の暴走を防ぐ〝防波堤〟なのだから、憲法を変えるためのハードルが高く設定されることがある。

日本国憲法第九条の条文には交戦権を否定するとある。その解釈から本来自衛隊も違憲ではないかという議論が重ねられてきたが、長い年月を経て、自衛隊の存在が認められるような状況になってきた。

集団的自衛権の行使は憲法上許されないとする政府の公式見解が示されて四〇年以上の時間を経たことで、集団的自衛権の行使については、現行憲法の解釈においては認められないという考えが定説になっていた。

それを安倍政権は憲法を改定せずに、憲法解釈を変えることによって、集団的自衛権の行使を容認するという方向に動いた。このことについて、「憲法破壊だ」とする批判が世の中に非常に高まって、憲法学者の多くも集団的自衛権の行使は現行憲法の解釈においては容認できないという見解を取っている。

しかし、安倍政権は、「自衛隊もかつては違憲だと言われていたけれども、その後は認められるようになった。このように評価は変わるものなのだ」との理屈を述べている。

この点について、政府は一九七二年に憲法の解釈として誤解のない表現で、次のような見解を示している。日本は国連憲章が定める自衛権を個別的自衛権のみならず、集団的自衛権も保持している。しかし武力の行使については憲法の制約があるので、他に手段がないとき、国民の生命および幸福を追求する権利が根底から覆される急迫・不正の事態、そして必要最小限という三要件を満たす場合には認めることができるのだと。

しかしながら自国が攻撃を受けていない、いわゆる他国が攻撃を受けたときに武力を行使する集団的自衛権については、現行憲法下では許されないという政府見解を明示した。

したがって、この政府解釈はどう読んでも集団的自衛権の行使を禁止していると捉えざるを得ない。しかも、それから四〇年以上の時間も経過しているわけである。

二〇一二年八月に発表された第三次アーミテージ・ナイ・レポートが「集団的自衛権行使の禁止は日米同盟にとって障害だ」としたこともあり、安倍政権がそれに向かって動き始めた。当初は憲法の九六条を改定し、憲法改定の発議要件のハードルを下げて、その上でさまざまな憲法の内容改定に動くようなそぶりを見せた。けれども、それが実際には難しい状況であると判断したために、憲法を変えないまま今回の措置に踏み切っているわけである。

この点について、憲法学者の一〇〇％が安倍政権の手法がおかしいと言っているわけではなく、ごく限られた数％の憲法学者はそうではないという主張、抗弁をしている。それを一つの拠り所にして、安倍政権は突き進んでいるのである。

自衛隊の創設論拠は自衛のための必要最小限度の実力部隊の保持 ―― 伊藤

一九五四年に自衛隊が創設されて今日に至っているが、憲法制定の議会において、吉田茂首相がはっきり言及したことが二つあった。一つは独立国家としての自衛権は否定されていないということ。二つめは、自衛権の発動たる戦争は放棄しているということだ。この二点が憲法制定議会において吉田茂首相の発言として確定している。

この二点に関しては、いまの安倍政権に至るまで一切変わっていない。独立国家として自衛権を持っている。だが、自衛権の発動たる自衛戦争も含めて、一切の戦争は放棄しているという解釈はまったく変わっておらず、この二点においては、憲法学の通説と一致していると言っていい。

そのなかで自衛戦争は認められないけれども、自衛権があるではないか。だからその自衛権の〝中身〟をどう見るのかというところで、自衛のための必要最小限の実力、これは行使できるという解釈が可能ではないか。こうした解釈を拠り所にして、自衛隊が創設されたわけである。

だから自衛隊は、九条2項で禁止されている戦力ではない。その一歩手前の実力部隊である。自衛のため、必要最小限度の実力部隊が自衛隊なのであって、必要最小限度を越えてしまったら、これは〝戦力〟にあたり違憲になってしまう。

しかしながら、その手前の実力部隊だから、それは許される。なぜならば、それは自衛権の行使は戦争するわけではなく、あくまでも日本が攻撃を受けたときに迎撃をして国民を守るための実力部隊に過ぎないからだ。こう説明していた。まさにそのことを個別的自衛権という言葉で表現するわけなのだけれど……。

自衛権の発動たる自衛戦争すら放棄するということを憲法が言っている。これは九条1項と2項の合わせ技でそう考えることができる。

そのなかで国民を守る自衛権の行使として何ができるか。その意義のせめぎ合いのなかで、いま言ったような必要最小限度の実力部隊、実力行使、ここまでは認めてよいであろうというのが、これまでの政府の見解だった。それは一応、憲法の解釈として成り立ちうる理屈だと私は思う。

それは当不当、どちらがより説得的かというところの議論はあろうかと思うけれど、一応解釈の範囲内の、より適切な解釈はどちらなのだという議論がなされてきた。

こうした議論はもちろん憲法学の世界ではあることで、自衛権の行使として、一定の実力も認めないという武力なき自衛権に賛意を示す憲法学者のほうが割合としては多い。ゆえに「自衛隊は違憲の存在」とする憲法学者も割合としては多い。

交戦権が行使できない自衛隊には軍法も軍法会議もない――伊藤

従来の政府の解釈も、一応理屈としては成り立ちうる話ではある。ところが今回は、集団的自衛権まで認める。日本が攻撃されていないにもかかわらず、「場合によっては他国の領域まで出かけていく。ホルムズ海峡、地球の裏側まで出かけていくことは理屈では可能」という政府側答弁もあったように、自衛隊が世界のどこにでも出かけていって、武力の行使をすることを可能にしてしまった。

これは自衛権の行使としての戦争は一切しないとする従来からの解釈と、まるで矛盾していることになる。

より条文に基づいて言えば、日本国憲法には九条2項後段で、国の交戦権はこれを認めないと書かれている。国の交戦権とは、国が戦争する権限という意味ではなく、交戦当事国に認められる国際法上のさまざまな権利のことだ。敵国兵力の殺傷や破壊だとか、敵の船舶の拿捕、臨検拿捕、軍事占領、これが交戦権の中身である。

平たくわかりやすく言えば、敵の兵隊さんを殺してしまうこと。これが交戦権の行使ということになる。日本の憲法は、国家としての交戦権を認めていないから、日本の自衛隊は組織として海外へ出かけていって人殺しができない部隊なのである。

交戦権が認められない軍隊など世界中どこにもないから、日本の自衛隊が正規の軍隊ではないということは、法的には明らかなことだと私は思っている。

だから、日本の自衛隊には軍法も軍法会議もない。交戦権が行使できないから、原則人殺しができない。ただ例外的に自分の身が危ないときに正当防衛や緊急避難として、反撃などが許されているだけだ。

ただ、そういった行為は刑法三六条、刑法三七条で正当化できるという意味において、日本国内にいるわれわれ「市民」と何も変わらないわけである。市民と同じ立場の自衛隊員たちが海外へ出かけていって、何か活動をする。そのときには原則人殺しができない。そんな軍隊などあるわけがないので、日本の自衛隊は正規の軍隊でないことは、法的には明らかなのだ（ただ私は、個人的には自衛隊は軍隊ではないとはいえ戦力にあたるので、違憲の状態ではないかと考えるが、そのことはいまは横に置いておく）。

戦前と変わらなくなる日本――伊藤

いくら立派な装備品などが備わっていても、交戦権がないならば、海外で人を殺すためにそれらは使えない。自衛隊はそういう部隊として位置づけられた。にもかかわらず、いままでは日本が攻撃されたときの反撃だけは、確かに敵兵を殺傷してしまうのだが、それは交戦権とは〝別〟なのだと政府は説明していた。

交戦権は一切認めない。だが、日本が攻撃されたときの反撃の際に、相手の兵隊さんを殺してしまうことはあっても、それは自衛権の行使の〝不幸な〟結果に過ぎないのであって、交戦権ではないのだと。はっきり言えば、「憲法の外にあるところの自衛権の行使の結果」に過ぎないと強弁していたわけである。

それを今度は集団的自衛権を認めてしまうとなると、他国であるアメリカが攻撃されたときに自衛隊が海外に出かけていって、敵国兵力を殺傷することになる。したがって、自衛の措置という名目で海外に出かけてそれをやってしまえば、交戦権を否認した意味がまったくなくなってしまう。

要するに、憲法が交戦権を否認していると言いながら、自衛の措置として海外に出かけていって相手を殺すことをもし認めたら、これは〝戦前の日本〟と何も変わらない。

戦前、日本は「満蒙は日本の生命線だ」という理由から「自衛」の戦いを展開していった。南方から石油やボーキサイトやゴムが入ってこなくなったら、市民の生活が困窮する。これは「自存自衛の戦い」と宣して、南方に侵略の歩を進めた。当時の日本政府は、あれは決して侵略ではなく、「自存自衛の戦い」だと言っていた。

今回も自衛の措置という名目で、海外での武力行使（人殺しができる）を認めてしまったならば、交戦権を否認した憲法の意味がなくなる。そんなことを認めれば憲法第九条が〝空洞化〟してしまう。

憲法が携えてきたこれまでの〝縛り〟をまったく無視してしまうことになる。自衛隊の存在を認める人の多くも、さすがにこれは駄目だろうと考えた。自分たちはあくまでも自衛の範囲内で実力部隊として認めていただけであった。それが自国を防衛することのなかに、日本が攻撃されていないにもかかわらず、海外に出かけていって武力行使をすること含めてしまったら、自衛権の行使としての自衛戦争を認めているのと同じことになってしまう。これでは自衛の名目での武力の行使、すなわち人を殺してしまうことを際限なく認めることになってしまう。

限定的な集団的自衛権も明白な憲法違反である――伊藤

安倍政権の集団的自衛権の行使を容認するという判断について、「これでは憲法九条を持った意味がまるでない」と法律家、憲法学者の九割以上がこれは憲法違反とした。加えて、日本中すべての弁護士会も、元最高裁長官の山口繁氏も、内閣法制局の歴代長官たちも憲法違反だと示した。

憲法第九条2項で交戦権を否認しているのに、憲法とは別に自衛権の行使ができるのを認めたら、自衛権の行使でなんでもできると言っているのと等しいわけで、これを認めてしまえば、憲法の意味がなくなるからである。

けれども容認派はこう反論してくる。他国防衛でなく自国の防衛のためなのだから、三要件の第一条件に国民の生命、自由、幸福追求の権利が根底から覆される明白な危険があるという限定がついているではないか。あくまで自衛の措置として行うのだから問題はないと言う。

自衛の措置として武力行使を認めたら、何ら戦前と変わらなくなると、私としては突き返すしかない。

図式的に言うと、自国防衛のために自国が攻撃されたときの反撃につながるのが個別的自衛権。それから他国を防衛するために他国が攻撃されたときに出かけて武力行使するのが、いわゆるフルスペックの集団的自衛権、あるいは本来的な集団的自衛権であるというように、本来はパラレルにつながっている。

それを今回、斜めの線を引いたわけだ。自国防衛のために他国が攻撃されたときに武力行使ができるという、この斜めの線を追加したのが、いわば「限定的な」集団的自衛権と政府の側が言っているものである。ところが、いくら自国防衛という名目を掲げたところで、説明してきたように、他国が攻撃されたときでも出かけていけると宣言したら、もはや第九条の意味がなくなってしまう。第九条が壊れてしまう。

いままでは自国が攻撃を受けたという、いわば客観的な要件で自衛権公使の判断ができていた。それが今度は時の政府の総合的判断で、明白な危険があるかどうかを判断するわけである。極めて主観的な〝曖昧〟な要件になってしまったので、結局、憲法的になんの歯止めもなくなってしまった。このことは極めて重要なので、みんなに知ってほしい。

これは憲法第九条の下では、とても認められない解釈であり、これまでの許される幅のなかの解釈の変更ではない。憲法の枠を越えた解釈になるので、これは明らかに憲法違反である。

もしこれをやりたいならば憲法改正手続きを取るべきだろうとあえて言うが、まともな法律家の発想、考え方ではないと言い添えておこう。

お上《かみ》と民の精神構造――植草

限定的な集団的自衛権とは、憲法第九条の第2項が禁じている交戦権を実態上認めてしまう内容を含んでいて、しかも自国が攻撃されたときではなく、他国が攻撃されたときであり、その判断は「時の政府」に委ねるということになれば、際限なくその範囲が広がる危険性がある。

それを考えれば、実質的に憲法の内容を破壊する行為だと私たちは思う。ただそうした冷静な論理的な解釈、そこから生まれる危機感に対して、世の中の関心が薄いのはメディア報道の影響が非常に大きいのではないか。

国の基本法である憲法の中身を勝手に変えてしまい、それに基づく法律を制定して、事実上、憲法を破壊するような行為がいつでも行えるような体制が整えられてしまう。今年二〇一六年三月二九日に安保法制が施行されたことによって、そういう状況が生まれている。これは日本国憲法が制定されて以来、「最初で最大の危機」と断じていいのではないか。

日本では、憲法により主権者は国民であり、国民が意思決定をする主体であると定められている。日本の国民主権の成り立ちを考えると、先刻伊藤さんが言及されたように、日本が戦争に負けた結果、当時は日本自身が憲法を起草しようとしたが、政府案の内容が不十分だった。

そこでGHQの、ある意味における〝後押し〟があったために、国民が望むような憲法の案がつくられた。それを国民が認めて、国会で審議され決定した。そんなプロセスがあった。だが、いわゆる市民革命を経て、近代民主主義国家を形成したという歴史が日本にはない。そのために日本国民のなかに、国民主権であるとか、憲法を守るとか、そうした精神や意識が十分に備わっていないのではないか。そんな危惧を感じない面がないわけではない。

それを私は「お上と民の精神構造」という言葉で表現している。江戸時代は非常に長い時間をかけて安定した社会がつくられたけれども、基本的に「民」は意思決定には関わらない。ややこしい話には口をはさまないで強いものに巻かれろ、長いものに巻かれろ、権力には従え、寄らば大樹という精神構造でずっとやってきた。

いまの日本においても、一部の人々は日本国憲法が定めた国民主権の考え方を非常に重視している。けれどもそうではなく、依然として権力に委ねてしまい、自分たちが主権を持っていることさえ実は十分意識していない側面が垣間見られる。

国民主権、国民が意思決定の主役である。日本国憲法はそう定めているものの、その意識、理解、あるいは考え方が日本のなかで十分定着しているかどうかについては懸念を禁じ得ない。

憲法とは国家を縛るための道具 ―― 伊藤

その原因の一つとして、日本の「歴史」と「教育」が挙げられると思う。私は中学生や高校生を相手に講演の機会を得たとき、白い紙を渡して、「日本の国のかたちを書いてごらん」とリクエストすることがある。するとたいていの生徒は日本列島の絵を描く。なかには沖縄を忘れたり、下手すると九州を忘れたりする生徒もいるけれど、とにかく日本列島を描く。

そこで私はこう問いかける。「いまみんなが書いてくれたのは日本の国土を描いただけだよね。日本の国のかたち、それでいいのかな?」ほぼ全員がポカンとした顔を向けてくる。日本の国のかたちイコール国土のかたち。国イコール国土というイメージを持ってしまっているわけである。

国家の三要素とは何か。国土、国民、権力の三つが揃ってはじめて国家になる。国土のない国家はないし、国民のいない国家もないし、権力を行使しない国家もないわけだから。

私の問いかけに対して、「立法（国会）、行政（内閣）、司法（裁判所）」という三権分立の三角形の絵を描いてもいいはずなのだが、生徒たちのほぼ一〇〇%が日本列島を描く。

このリクエストは大人に対してはあまり行わないけれど、たまに行ったときの結果は、やはり生徒たちと同じで、日本列島を描いてくる。

これは何を意味しているのか。日本人の大多数の心のなかには現在の周りを海に囲まれた日本列島の姿が国土として常に存在している。先の大戦前には日本の版図《はんと》はグッと広がって、また縮まったものの、ほぼ二〇〇〇年は変わらずに、自分が生まれる前から当然に存在している所与の前提として国家を考えているのだろう。

ところが憲法が問題にしている国家とは、われわれが意識的につくり上げた権力の主体としての国家になる。生まれ故郷とか、我が祖国とか、豊かな自然や文化、歴史、伝統などをイメージする日本という国とは、何の関係もない。われわれが愛国心を感じたりするような国を、憲法は〝対象〟にしていない。われわれが人為的につくり上げた権力の主体としての国。それを「憲法で縛る」と言っているだけの話なのだ。

あえて比喩的な言い方をすれば、カントリーというイメージの国ではなく、ステート、ガバメントという国家を縛るための道具が憲法なのである。

アメリカでもヨーロッパでもそうだが、国家はできては消え、できては消えているわけだ。たとえばヨーロッパでは東ローマ帝国ができ、フランク王国ができたように、さまざまな民族が入っては出ていって、入っては出ていって、千姿万態に変化した。

そんななかで、たまたまその地域で生活している人たちが、自分たちの意思で権力の主体としての国をつくり上げた。さてどういう国を自分たちでつくろうかというときの設計図が憲法なのだ。ここに書かれているとおりに権力を持っている為政者たちは国づくりをすべきだと、国民がそう言って押しつけていく。それが憲法なのである。

国づくりの設計図が憲法。それをつくる主体が国民。これこそが国民主権の本質といえる。

国民主権の「主権」に対する理解が希薄だった日本人 ―― 伊藤

ところが、先に述べたように日本には二〇〇〇年にもわたる歴史がある。その歴史の流れのなかで、「政治や国の運営はお上《かみ》がやってくれる。民はそれに従えばいい」といった精神構造が紡がれてきた可能性が高いのではないか。日本人のDNAには、国に向かって何かモノを言うと、「お上に楯突くなんて、どうなの」という感覚が刷り込まれているかもしれないのである。日本の国の長い歴史があるがゆえに、逆にそれが裏目に出ているともいえる。

国家は自分たちで主体的につくり上げる。アメリカ合衆国などは日本と正反対の出自を持つ。自分たちがイギリスから独立して、革命を起こして国をつくった。さまざまな民族の人たちが集まって、憲法という一つの設計図のもとで統合されて、一つのまとまった国になった。そういった歴史が日本にはなかった。

したがって、われわれは国民主権について、より一層、そこは教育によって学習して身につけていかねばならない。ところが、国民主権とはどういう意味なのかを、学校ではまず教えないし、教師のほうもあまりわかっていない。

そもそも国民主権の主権という言葉は、日常的な生活では使わないから、意味がわからない。せいぜい国民が主人公とか、国民が一番偉いとか、そんなぼやけた言い方で、括ってしまいがちだ。

縷々述べてきたが、「国民主権の主権」を日常生活のなかで取り上げることはまずないと思う。だからこそより一層、教育できちんと学習して学んでいかねばならなかったのに、それができなかった。

その理由をもう一度まとめると、まず一つは、長い歴史のなかで感覚的に日本国は存在して、所与の前提の上に感じてしまう歴史や文化、伝統、風土があった。もう一つは教育の問題があった。国民に対して国民主権の主権についてきちんと教育を施すことで、知性として身につけなければならなかったが、不十分だった。

その二つの理由から、残念ながら国民が主権を持っている、自分たちが国家の主体なのだという理解が希薄のまま、今日を迎えている。

幸いこの国は、なんとかうまくやってきたものだから、お上に任せても、ところどころ変なところはあったにせよ、あまりそれを強く意識しなくてもすんだ。

いまのように、憲法をまったく無視して好き勝手なことを権力者（為政者）が平気でやらかすような場面はなかったと思う。そういう意味では、今回初めて「国民が主権者だったはずだ。日本はおかしなことになってはいないか」という疑念に直面をしているのではないか。

一九四七年にがらりと変わったＧＨＱの対日占領政策　――植草

日本の場合には島国で海に隔てられているために、国土はかなり古くから明確だった。日本列島という島があって、そこに住んでいた国民は常に誰かに〝支配される〟存在であり続けた。支配者にも当然ながら変遷があって、戦国時代などを経て変わり続けてきたのだが、一般的な住民は常に支配される側であった。日本という国土のなかに居住はしていたけれども、権力の所在はいつも別のところにあったまま現代まできてしまった。そのような側面を持つために、権力の所在としての、主権者としての意識を日本の国民が十分持つような経験が非常に少なかったのではなかったか。

ただ、第二次大戦後につくられた日本国憲法のなかに、国民主権という新しい考えが吹き込まれ、これを日本の国民が受け入れて、良いものだと、学習をした。

戦後の日本国のかたちをピラミッドの構造で言い表すならば、頂点に位置するアメリカ（その実態はグローバル資本）の支配の下に、日本を支配する正方形の四つの頂点が存在してきた。官僚機構、大資本、利権的な政治集団、そしてメディアを牛耳る電波産業である。

他方、国民主権をピラミッド構造で表すとすれば、頂点に国民が位置して、下の正方形のに司法、立法、行政、そして情報空間が置かれて、このすべてを国民が支配する。これが本来の民主主義の姿なのではないかと考える。

ここで戦後直後の日本の姿を振り返ってみたい。日本が敗戦した一九四五年から四七年頃までは、かなり徹底した民主化路線が敷かれていた。

そのなかで農地解放や労働組合の結成、あるいは財閥解体や教育改革などの、さまざまな民主化措置が採られた。そうした日本の改革を主導したのは憲法の草案をつくったGHQ民生局（GS）だった。

この期間において日本の民主化は相当進行したと思う。ところが、一九四七年を境に冷戦構造が拡大した結果として、アメリカを中心とするGHQの対日占領政策の基本が、「日本民主化」から「日本反共化」に転換してしまった。日本を反共の防波堤にするため、民主化措置は中断を超えて逆転してしまった。私はこれを「日本非民主化」と呼んでいる。

この方針転換に連動して、公職追放に象徴されるさまざまな民主化措置が中断した。逆にレッドパージというかたちで、今度は左翼思想を徹底排除するという動きが一気に噴出した。

日本では一九四七年の選挙で片山哲内閣が樹立されたが、これがGHQ内の参謀二部＝G2にとって邪魔な存在になった。これを背景に昭電疑獄事件なるものが創作され、芦田政権が排除されていった。

その後、吉田政権にバトンが引き継がれて、アメリカが主導する戦後の日本の仕組みが形成された。

日本のメディアを支配してきたNHKについても、占領当初には抜本的なメスが入れられようとした。「放送委員会」を創設して、NHKを民主化する構想が進行しはじめたが、一九四七年以降の「逆コース」の流れにより、吉田政権下で電波三法が制定され、NHKが政治権力の支配下に置かれる制度が確立された。

日本国憲法が公布された一九四七年、文部省は中学一年生用社会科の教科書として『あたらしい憲法のはなし』を発行した。そのなかに次のような記述がある。「もうすぐみなさんも、おにいさんやおねえさんといっしょに、国のことをじぶんできめてゆくことができるのです。みなさんの考えとはたらきで国が治まってゆくのです。みんながなかよく、じぶんでじぶんの国のことをやってゆくくらい、たのしいことはありません。これが民主主義というものです」まさに心が躍るような表現が記されていた。

この教科書が一九五〇年に副読本に格下げされ、一九五二年に廃刊になった。いわゆる民主的な主張をすることが「アカ」だという思想統制が行われて、民主化措置というものが、あらゆる側面において著しく制限されてしまったからである。

その後「五五年体制」が成立し、私たちは社会科の教科書で、戦後民主化が敗戦から現在まで継続しているものだと教えられた。しかし、現実の戦後民主化という措置は、一九四七年頃を境に途絶えてしまい、むしろ非民主化という動きが取られて定着してきたのである。しかし、この重要事実が国民には十分に知らされていない。

戦後直後の教育が「逆コース」に転回させられずに、真っ直ぐに踏襲されていれば、いまの日本人のものの考え方がまったく違うものになった可能性もあったと思う。

アメリカが望む日本の国のかたち――伊藤

一九四七年までとその後では、特に冷戦を意識したかたちで、アメリカの占領政策が大きく変わったのは確かだ。アメリカにとって都合のいい利用の仕方をしていこうという流れのなかで、日本も大きく変わっていった。

その後、朝鮮戦争がはじまり、警察予備隊、保安隊、そして自衛隊という流れも、当然それに含まれる。つまり日本の再軍備についても、日本の非民主化の動きとパラレルで進んでいくことになった。

いわば国民が望む日本、独立主権国家・日本をつくっていく過程ではなく、まさにアメリカが望む日本の国のかたちが、このあたりからどんどん進んでいった。教育内容も、いまの民主主義のありようも、国防のあり方も、さらに憲法九条の解釈にもつながっている気がする。

四七年までは、あらゆる面で国民の意思に基づいて国づくりを行っていく動きが見られた。それは憲法の理想を求めていこうという流れに沿っていた。だが、その後のアメリカの意向、その支配によって、この国のかたちが変わっていってしまった。

先程、植草さんから『あたらしい憲法のはなし』についての指摘があった。本当に中身はすばらしいものだと思うが、あえて不満を言えば、立憲主義が出てこないというところが、ちょっと残念ではあった。

それからもう一つ紹介しておきたいのが、高校の教科書で『民主主義』という、一九四八年に文部省がつくったものがある。最近、幻冬舎で一部復刻したが、この教科書もこれまたすばらしい内容だ。

戦後の日本ではこうした優れた教科書や副読本を使いながら、憲法の理想に合わせた教育が行われていた時期があったのである。

やがてそれがなくなり、その後、国が教育内容まで〝統制〟をしていく教科書検定なるものが始まった。戦争に対する評価も、国が統制をしていく端緒となった。

家永三郎さんが「教科書検定憲法違反」という訴訟を提起したけれど、そういう歴史の評価の仕方まで、国がさまざまなかたちで介入をしてくるようになったわけである。

戦争責任に対するドイツと日本の隔たり ―― 伊藤

国は本来の民主主義を教えないだけではなく、過去の歴史の評価まで国が決めて、ある意味では押しつけていく。そして不都合な事実を隠していく。そういう流れが、このあたりのところから出てきたと思われる。

先の大戦における日本の被害については、一応広島等々で語られることにはなったけれども、五一、五二年の頃から沖縄については切り離されてきた。いわば戦争中に捨て石にされたのみならず、日本が独立主権国家になった後も、またさらに二〇年間も捨て石にされてきた沖縄の歴史、被害はほとんどは省みられることはなかった。

さらにはアジアに向かって日本が何をやってきたのか、その加害者の側の歴史についてもほとんど封印されて、それを伝えられることなくこれまできてしまった。

そういう意味では、歴史にきちんと対面をして、そこから何かを学んで、次に生かすことを国民自身が行う機会が失われてしまった。そのことにより、未だに戦争責任等について、きちんとした総括がなされないまま七〇年が過ぎてしまった。それがイコール、いまのアジアの緊張につながっていくわけである。

たとえば朝鮮半島があの三八度線で分断国家になっているのは、やはり日本がある意味では影響を与えていると思う。戦時中、日本が朝鮮半島を占領して、三八度線よりも南は大本営の軍隊が管轄し、三八度線から北は関東軍が受け持っていた。日本軍のどこが管轄するかは三八度線が目安だった。そこにアメリカとソ連がそれぞれ入っていったわけである。

このように、やはり日本の歴史がいまのアジアの緊張関係の一つの原因を与えており、戦後、そこへの向き合い方が、特に韓国や中国との緊張の大きな原因になっているわけである。

日本は戦後の四七年以降、アメリカの意向に従う国づくりをしてしまった。そこで都合の悪いことは教えない、そしてアメリカの意向に従った再軍備の流れのなかで今日まできてしまった。とりわけ歴史の評価について、あまりにも無頓着できてしまった。

そこが戦後、歴史に真正面から向き合った西ドイツと大きく違うところだ。西ドイツもむろん敗戦国で、しかも東ドイツに直面しているわけだから、NATOにしてみれば、日本同様、反共の防波堤という位置づけだったたと思う。特にドイツは地続きだから、大変な緊張関係にあったはずだ。

だが、それでも西ドイツは戦争責任、特にナチスに対しての歴史への向き合い方で独自の路線を歩んできた。二〇兆円以上の個人賠償を行ってきた。万単位の戦争犯罪者、ナチス戦争を未だに時効なく追及し続けている。また、歴史の教科書のなかで三分の一の紙幅を割いてヒトラーの歴史を若者に叩き込んできた。ドイツはさまざまなかたちで、国を挙げて、戦争責任を忘れない努力を続けており、それを決して怠らない。

ブラント首相も、それからヴァイツゼッカー首相も、それからシュレーダー首相もそうだったが、「心に刻む」という言葉を使っていた。歴史を心に刻むことが重要なのだと常に言って、ヨーロッパのなかでの地位を確立していった。

一切戦争責任を問われなかった日本の裁判官――伊藤

私の仕事の世界で言えば、ドイツの法律家のなかには、当然ナチスに協力した裁判官がたくさんいた。彼らが戦後のうのうと法曹界で仕事をしていたのを五〇年代ぐらいから、若い裁判官たちが「それはおかしいだろう」と追放していった。そこで司法の〝民主化〟が大きく働いた。

日本はどうか。戦前、軍国主義を擁護し、満州でとんでもない判決を出していたような裁判官たちが戦後帰国して、みんな出世していった。彼らは戦争責任を問われなかった。公職追放については、裁判官に関しては一切行われなかったからである。

「砂川判決」の際に最高裁長官までがアメリカの意向に影響を受けたように、日本の司法もアメリカの意向に添った判決を出しているのではないかと疑われるような状況だった。

このように歴史との向き合い方、またそれぞれの職業の専門家が、自分たちの矜持を持って、自分たちの意思で主権国家をつくり上げていくのだという意識が、ドイツと日本ではずいぶん違っていたのではないか。

四七年以降、日本の国民の意思で国づくりをするのではなく、まさにアメリカの意向に従っての国づくりが進んでしまった。そのなかで日本の歴史への向き合い方が歪んでしまったことが、未だに尾を引いている面がある。それが現在の中国との緊張関係を招き、再度日本を軍事国家化しようとする口実に使われているような気がしてならない。

なぜ戦犯容疑者の岸信介氏は釈放されたのか？——植草

日本では終戦の日は一九四五年の八月一五日と教えられているが、実際に日本が降伏文書に調印したのは九月二日の戦艦ミズーリ号での調印式なので。歴史を区切る日程として言えば、敗戦の日は九月二日とすべきである。

あるいは昭和天皇と日本政府がポツダム宣言を受諾したのが八月一四日であるから、この日を敗戦受諾の日とするべきだろう。八月一五日は天皇がそれを国民にラジオで知らせた日に過ぎない。

日本が一九四五年に敗戦してから、五二年に国際法上の主権を回復するまでの間にさまざまな変化が生じたが、この七年のうちにいわゆる戦犯容疑者の釈放が行われている。

一部の戦犯容疑者は処刑されたけれども、一部の容疑者は釈放されて、その後、表と裏の舞台で活躍をしていくことになった。

現在の安倍晋三首相の祖父にあたる岸信介さんも戦犯容疑者として収監されたが、その後釈放された。この岸信介さんに、かつての恩師が「二つなき命に代へて措しけるは千歳に朽ちぬ名にこそあれ」という歌を贈ったという。

人間にとって大事なのは、物理的な命よりも名であるから、命を捨てても名を残すべきだと進言したわけだ。要は、自決して名を残せという意味の歌を贈っているのである。これに対して岸信介さんは、「名に代へてこのみいくさの正しさを来世までも語り残さむ」という歌を返したとされる。その後の岸氏の行動を見る限り、本心と言うよりも自分の命を守るための大義名分を掲げたものと理解するのが適正だろう。

岸氏は官僚としての能力を買われ、同時に米国への忠誓心を認められ、アメリカの意向に服従することと引き換えに、助命された。その延長上にアメリカからの資金援助で自由民主党をつくり、自民党総裁、内閣総理大臣になっていくという経緯がある。そして、その延長線上にいまの安倍晋三さんがいる。岸さんの返歌は大義名文を掲げたものだと言ったが、それでも「みいくさの正しさを語り残さむ」の言葉と、その後の行動との間の矛盾は決定的に大きいとも言える。

岸さんは魂をアメリカに売り渡して助命され、その後の社会的地位や、経済的処遇の保証を得たと言えるが、その行動を正当化するための大義名分として掲げた、「このみいくさの正さを来世までも語り残さむ」の言葉に、魂を売った行為を正当化するための拠り処を残そうとする、戦前日本の正当性主張という、一種の「こだわり、わだかまり」が残されたように感じる。

これがいまの安倍政権の政治に色濃く反映されているのではないか。

見えてきた安倍政権の正体――植草

実際の安倍政権の行動そのものを見ると、国会審議でも問題にされたように、第三次アーミテージ・ナイ・レポートに掲げられた政策と、第二次安倍政権発足後の安倍政権の政策とが見事に重なってくる。原発の再稼働も、集団的自衛権の行使容認も、あるいはＴＰＰへの参加もすべて同レポートが日本政府に要請したものである。

結局のところ、歴史や戦争責任の明確化をできるだけ忌避して、歴史に背を向ける、歴史から目を背けつつ、かと言って米国に異論を差し挟むこともなく、現実の行政行動、あるいは政治行動として、アメリカの意を汲んで、アメリカの利益を極大化させるために行動しているというのが安倍政権の正体ということになる。

敗戦という現実がありながら、戦後に敗戦についての責任処理を不明確にしたままであるからこそ、対米隷属の行動を取りながら、同時並行で戦前の日本に〝回帰〟する動きを垣間見せるところに、何とも言えぬ気色の悪さがあるのだ。

先程のドイツの例と比較した場合に、アメリカが天皇の助命、その後の天皇制の維持を決めたのは、それらを利用して日本を統治する意図があったという側面が強いように思う。

戦争責任を曖昧にしたままアメリカが戦後の日本を統治してきた背景に、利害得失という判断が存在したということがすべてに影響を与えてしまったと言ってよいと思う。

日本には歴史と真正面に向き合えない事情があった —— 伊藤

日本が満州事変からの一五年戦争の戦争責任を突き詰め、歴史と真正面に向き合うことになれば、それは必ず天皇の戦争責任に帰着せざるを得ない。ドイツはと言えば、残虐な行為はナチスの軍隊やSSがやったことであって、ドイツ国防軍ではなかった。またドイツ国民とは別の話だと切り離しを行った。

日本でも日中の国交回復のときに、あれは日本の軍国主義が悪いのであって、いまの国民が悪いわけではないと、国民と当時の軍国主義を切り離して、きちんと理解するよう求めた。

ドイツと同じようなかたちで整理することを試みようとしたのだろう。だが、当時の軍国主義が悪かったことになると、その軍国主義の親玉は誰かというと、どうしても仕組みの上でそれは天皇になってしまうわけである。

当時の軍国主義が悪かったのだと言ってみても、単にA級戦犯の人たちだけの責任にはできず、やはりそれは天皇の責任のところに行かざるを得なくなるものだから、どうしてもそこを曖昧にせざるを得ないという日本側の事情があった。

マッカーサーは日本の国情をよく理解していたし、天皇をうまく利用しなければ統治などできないことを知悉していた。だから天皇の戦争責任、たとえば処刑を避けるためにさまざまな手立てを講じた。

帝国憲法の「改正」というかたちでできた日本国憲法——伊藤

日本の憲法は天皇主権から国民主権に大きく変わったはずだったが、日本政府側としてはあまり変わっていないような印象づけを行いたかったのかとも思うのだ。

というのは、八月一五日をあえて終戦記念日としているのは、そこでもやはり天皇が重要だからである。ちなみに大日本帝国憲法は明治二二年、つまり一八八九年の二月一一日に発布された。その発布日の二月一一日は紀元節である。

神武天皇が二六〇〇年ほど前にこの国をつくったわけだから、明治天皇がつくった憲法の発布日もそれに合わせて発布するのが筋、そんな大前提があったと思われる。

その大日本帝国憲法が一九四五年八月一四日に終わって、日本政府は新憲法をつくることになるが、まずはその前に国民に対して、天皇が終戦をラジオで説明した日である八月一五日を「終戦記念日」にしたのがポイントであった。

その後、日本政府はマッカーサー草案を叩き台にしながら、内閣で修正をし、国会でも修正をしながら、最初は四七年八月一一日の公布を目指した。

八月一一日に公布をすれば、その六カ月後の二月一一日を憲法記念日にできるからで、政府としては明治憲法（大日本帝国憲法）と同じにしたかった。それで八月一一日の公布を目指したけれども間に合わなかった。

ならばその次は一一月三日の公布だということで、なんとか頑張って間に合わせた。一一月三日とは承知のとおり、明治節、明治天皇の誕生日である。それにわざわざ合わせて、この新憲法を公布している。このように従来からの天皇制を、かなり意識したかたちで新憲法への移行が行われたことがわかる。

ともあれ日本国憲法は、一九四六年（昭和二一年）の一一月三日に公布、一九四七年（昭和二二年）の五月三日に施行となった。

日本国憲法の前文の前に、一九四六年（昭和二一年）の一一月三日当時の大臣の名前がズラッと並んでおり、その前に「上諭」という天皇の言葉がついている。

「朕は、新日本建設の礎が固まったことを深くよろこび」と、その頭に書いてある。そこに帝国憲法第七三条の改正を裁可し、ここにこの憲法を公布せしめると続く。

要は、帝国憲法の「改正」というかたちで、新憲法ができたことにしているのだ。帝国憲法は天皇がつくった憲法だから、天皇がつくった欽定憲法の改正で、いま新たなこの国の憲法ができたことをわざわざ新憲法の頭にくっつけたわけである。

こうしたことも含めて、政府としては戦前の天皇制を断絶させるのではなくて、あえて連続性を保とうとしたのだと思う、もちろんそれは当時の日本国民の気持ちを考慮しながら、天皇主権から国民主権というラディカルな変革を〝平穏〟のうちに行うための政治的配慮があったと考える。

その後も政府の天皇制の連続性へのこだわりは続く。たとえばさまざまな祝日がそうだ。天皇が、新しいお米を収穫するときの新嘗祭の日が「勤労感謝の日」に定められたり、明治天皇が船旅に行った記念日を「海の日」の祝日にしてみたり、戦前の天皇制の影響を受けたかたちで、国民の祝日が決まっていった。

そんなかたちで、どうしても日本の場合には天皇の存在が、本来、憲法第一条で国民の意思に基づいた単なる象徴に過ぎないという位置づけになっているとはいえ、それが何か象徴以上の意味合いを国民に持たせるようになってしまっている。

ただ、それをアメリカはうまく利用してきた面が多分にある。

この国の為政者たちのなかには、戦前の明治憲法の時代の強い日本国でありたい、経済的にも軍事的にも強い国でありたいという思いを持っている人たちがいる。だが、彼らは同時にそれとは裏腹に、アメリカにモノを言えずに従属してしまっている。この不思議な矛盾がこの国の政治をわかりにくくしてしまっているのである。

残念だが、日本の戦後から今日まで共通するのは、国民の意思での国づくりにはなっていないことである。

第2章

三権分立が機能していない日本

国民に告知されていない日本の原発の耐震性能基準——植草

四月一四日、熊本県益城町で震度7の極めて大きな地震が発生した。防災科学技術研究所の調査によると、この地震の揺れの強さを示す地震加速度は1580ガルで、阪神淡路大震災並みの揺れだったことが判明した。

この大地震で大変な被害がもたらされたわけだが、やはり非常に気になるのが原発との関連である。日本全国すべての原発が稼働を停止した時期を経て、鹿児島県の川内原発が再稼働、続いて、関西電力の福井県高浜原発が再稼働した。ところが、高浜原発については、その後のトラブル、あるいは地方裁判所による仮処分決定により、運転停止に追い込まれて、現在は川内原発だけが稼働中である。

日本国憲法第一三条は、「生命、自由及び幸福追求に対する国民の権利については、(国が)立法その他の国政の上で、最大の尊重を必要とする」ことを定めている。

この「生命、自由及び幸福追求に対する国民の権利」にもっとも重大な影響を与えるのが、原発と戦争である。この原発について、福井地方裁判所の樋口英明裁判長は、二〇一四年五月二一日に、画期的な判決を言い渡した。

福井県に所在する関西電力大飯原発3、4号機運転差止請求事件に対する判決で、「大飯発電所3号機及び4号機の原子炉を運転してはならない」とする判決を言い渡したのである。

個人の生命、身体、精神及び生活に関する利益は、各人の人格に本質的なものであって、その総体が人格権であるとしたうえで、人格権は、憲法上の権利である（一三条、二五条）とした。

判決は、大飯原発の耐震性能が1260ガル以下の地震動に対応するものでしかないことについて、二〇〇八年に発生した岩手宮城内陸地震で4022ガルの地震動を観測したことを指摘して、基準地震動を超える地震が、大飯原発に到来しないというのは、根拠のない楽観的見通しにしかすぎないと断じた。

そのうえで、本件原発に係る安全技術及び設備は、万全ではないのではないかという疑いが残るとして、大飯原発3、4号機の運転差止命令を示したのである。

この樋口英明裁判長は、昨年四月一四日、二〇一六年早期にも再稼働が予定されていた、同じ関西電力の高浜原発3、4号機について、再稼働の即時差し止めを命ずる仮処分決定を示した。

同じ裁判長が二度、画期的な判決・決定を示したのである。

この判決でさらに画期的であるのは、原子力規制委員会が設定した新規制基準そのものについて、「緩やかにすぎ、これに適合しても本件原発の安全性は確保されていない」「新規制基準は合理性を欠く」と断じたことだ。

私はかねてより、「原子力規制委員会の規制基準が原発の安全性を確保するものになっていないことから、原発の再稼動を認めるべきではない」と主張してきたが、日本の裁判所が正式にこの判断を示したことになる。

私が強調したいのは、二〇〇八年六月一四日に岩手で4022ガル、二〇〇七年七月一六日に新潟県所在の東京電力柏崎刈羽原発3号機タービン建屋一階で2058ガルの地震動が観測され、実際に大被害がもたらされた阪神淡路大震災、今回の熊本地震においても1500ガルの地震動が観測されているにもかかわらず、日本のほとんどの原発の耐震性能基準が500〜800ガルにしか設定されていないことである。

例外として、実際に原発敷地内で2000ガル超の地震動が観測された柏崎刈羽原発1〜4号機に2300ガル、4〜7号機に1209ガルの耐震性能基準が設定されているという極めて重大な事実を、ほとんどの国民は知らない。

このような情報は、本来、テレビのワイドショーなどの格好の番組素材のはずだが、紹介された事例を私は知らない。原発がいかに危険な状況で稼働されようとしているかは、原子力規制委員会が定めている耐震性能基準（基準地震動）と実際に発生した地震加速度のデータを一覧にして示すだけで十分である。テレビを見た視聴者は原発再稼動がいかに危険なものであるかを瞬時に納得するはずだ。

原子力発電所は憲法違反である――伊藤

原発については私自身、昔はあまりよくわかっていなかった。化石エネルギーとの関係性、環境との折り合いは場合によってはうまくコントロールできることがあり得るかもしれないと、以前はぼんやりと構えていた。

ところが、二〇年ほど前に認識が変わった。どんなに完璧な設計図をつくったとしても、実際に現場で溶接で配管工事をしている技術者の腕が、実はあまり信頼できないものになりつつあるという話を、原発の現場に携わるベテラン技術者から聞かされたからだった。原発建設、修理の現場に連れてこられる彼らは当然、非正規雇用の身分である。

確かに理屈のうえでは安全だと言ってみたところで、人間がつくるもので、しかも機械で完全完璧はあり得ない。二〇年ほど前あたりから、何か事が起こったときの被害の広がり、甚大さ、またその回復の不可逆性を改めて意識し、それから明確に原発反対の意思表示をするようになった。

憲法のなかでは第一三条に「生命、自由及び幸福追求に対する国民の権利」と規定している。幸福追求ばかりに焦点があたりがちだが、もっとも根源的で重要なものは生命という人権に他ならない。それを憲法は前文で、「平和的生存権」という言葉で表している。

「われらは、全世界の国民が、ひとしく恐怖と欠乏から免かれ、平和のうちに生存する権利を有することを確認する」。憲法の前文の第2項の最後にそんなフレーズが出てくる。

平和的生存権の平和とは、決して戦争がない状態のみを指しているのではない。恐怖と欠乏から免かれるとある恐怖のなかには、もちろん戦争やテロの恐怖もそうだが、自然災害の恐怖もあれば、なおさらに原発など人為的な災害からの恐怖、放射線によって害されるのではないかとする恐怖も含まれているわけである。

恐怖と欠乏から免れて安心して生活ができる。それが平和的生存権ということになると、生命への権利、当然ながら幸福追求権、そして平和的生存権、それらを侵害するものが原発の存在ではないのか。

平和的生存権は、戦争が近づいてくるなかで非常に不安な心持ちになる。そういうことがない社会で生存していくことを保障するものだ。戦争と同じように、原発がいつ何時、何が起こるかわからないような恐怖に怯えることのない社会で生きられる権利も憲法は保障している。

権力を行使する人たちが持つ物差しの問題 ―― 伊藤

五年前の福島第一原発の事故もそうだが、まさかと思うようなことが起きた。われわれは、自然との関わりのなかにおける人間の限界を思い知らされた。

原発のように危険なモノについて、厖大なリスクを負う必要性はどこまであるのかということと、仮にどうしても必要だとしたならば、それは許されるのかという許容性。この二つの観点から法律家は考える。

原発に関して、これが本当に日本のエネルギー政策に必要性を有し、許容性を有するかというと、その両方とも有していない。

二〇一五年五月に関西電力大飯原発3、4号機運転差止請求事件に対する判決を言い渡した福井地方裁判所の樋口英明裁判長は、判決文のなかでこう述べている。

「国富と言ったときに、日本のこの美しい国土を失うほうが、よっぽど国富の喪失につながるし、人々の生活と経済的なものを比べるということ自体ナンセンスである」

自分たちはそういうスタンスには立たない、と樋口裁判長ははっきりと言った。

結局は、権力を行使する人たちが何を物差しにして政策を決めていくのかという判断基準の問題なのだと思う。一人一人の個人の幸せ、生命、幸福追求、平和的生存権といった軸でエネルギー政策を決定するのか。あるいはグローバル企業や産業界の要請、アメリカの意向なりを基準に、政策の優先順位を決めてしまうのか。答えは言わずもがなである。

憲法とは、われわれが何を大切にすべきかという、ある意味では価値基準を示しているものである。国民がこういう価値の序列で物事を決めて欲しいと訴えているなら、それにしたがって政策を実現するのが、権力を行使する人たちの義務だし、それは憲法尊重擁護義務ともいえる。

それにしても熊本や大分であれだけの地震が起こっているのに、そう遠くない鹿児島県にある九州電力の川内原発はいまも稼働中である。止めてしまうと原発は地震に対して危険であることを自ら認めてしまうことになるので止められないのだろう。

原発再稼働にノーを突きつけて左遷された裁判長 ―― 植草

安倍首相は、集団的自衛権の答弁時に憲法第一三条を持ち出して、国民の生命、自由、幸福を追求する権利の尊重を頻繁に口にしながら、原発の話になると、この人格権を一切口にしない。

しかしながら、安倍首相がそんな不誠実な答弁を繰り返すなかで、既述のとおり、福井地方裁判所の樋口裁判長が人格権を根拠に原発の運転差し止めを命じる、あるいは決定するという画期的な判断を示した。

けれども、樋口裁判長は昨年五月の仮処分決定前に発令された人事で名古屋高裁の家裁の裁判官に異動することになった。

地方裁判所の裁判長を務めていた人が、家裁の判事への異動とは露骨な左遷人事である。ネット上でも非難の声が巻き起こった。

そしてその後、福井地裁の樋口前裁判長が下した判決は覆されてしまった。運転差し止めの仮処分で決定された高浜原発については、関西電力が新裁判長による仮処分取り消しを受けて、直ちに原子力規制委員会に安全審査を申請し、3号機と4号機の再稼働に漕ぎ着けた。ところが、運転に入ったところで4号機はトラブルに見舞われて運転停止に追い込まれ、3号機は二〇一六年三月九日の大津地方裁判所による運転差し止め仮処分決定で、運転停止に追い込まれた。

福井地裁の例では、樋口裁判長のような例外的な良心、良識を持った裁判長が判決を下しても、それがすぐに〝逆転〟されてしまうわけである。

最高裁事務総局が直接的に指導しているわけではないと見られるが、日本の裁判官は、元裁判官の森炎さんが『司法権力の内幕』（ちくま新書）で「パノプティコン」と表現しているように結局、権力から監視された状態に置かれているので、権力に迎合した、権力の意向を忖度《そんたく》した判決しか下せないのであろう。

こうした現実のなかで、日本の司法全体が権力の意に沿って動き、原発再稼働がどんどん進められるのかと思っていた矢先に、三月の大津地方裁判所による運転差し止めの仮処分決定が示され、希望の光が何とか持ちこたえている。

最高裁の意向に添わない判決を出した裁判官に対する制裁 ―― 伊藤

一般的に従来から、最高裁事務総局は強烈な人事権を有している。その最高裁の意向イコール、かつては政府の意向と言ってもよかった。たとえば、田中耕太郎裁判長がアメリカとの関わりから、あの「砂川判決」を出したことに象徴されるようなかたちである。

当時の田中耕太郎さんはかなり右のほうだったから、そういう意味では個人的な部分もあったのかもしれないが、それでも最高裁が政府の意向を汲んだ判決を出したことは否めない。

「すべて裁判官は、その良心に従い独立してその職権を行い、この憲法および法律にのみ拘束される」とは憲法第七六条の3項。職権行使の独立を守るために裁判官は身分保障され、罷免される場合は限定されているし、報酬は減額されないことになっている。さらに行政からの懲戒処分も受けないことになっている。

ただしこれにはウラがある。裁判官の給料は減らせないが、上げないことはできるわけだ。ある意味では最高裁事務総局からの嫌がらせみたいなものだが、最高裁の意向に添わない判決を出した裁判官には三つほどの制裁が存在する。

一つは、裁判長には絶対にしない。二つには、樋口裁判長ではないが、降格人事で家裁に送り、家裁巡りで法曹人生を終えさせる。そして三つ目が、給料、報酬を上げない。

だから、最高裁事務総局に目をつけられた裁判官と順調に出世して給料が上がっていく裁判官とでは、生涯年収で一億円以上は違うと言われている。だが、給料を下げると憲法違反になるので、ほぼ上げないでいく。最高裁事務総局はずっとそういう嫌がらせを露骨にやってきた。

裁判官の矜持と処遇 ―― 伊藤

一九七三年九月、いわゆる「長沼ナイキ基地訴訟」の第一審において、「自衛隊は違憲」という判決を出した福島重雄裁判長（札幌地裁）は日本で唯一、自衛隊の存在を憲法違反とした人物である。その福島裁判官も、その判決の後、やはり家裁に飛ばされて、最後は定年を六年残して辞め、富山で弁護士を開業した。福島裁判官に限らず、そういう状況は多くある。

ある研究者がどういう判決を出した裁判官が、その後どのような処遇を受け、どのような人生を送ったかを調べた記録があるけれども、これは明らかに因果関係があるだろう。

そういう時代から比べれば、裁判官の世界も少しはマシになったと言われてはいる。しかし、どういう判決を出すのかを最高裁が、地裁や高裁の裁判官を集めて、勉強会のようなものを相変わらず開いている。

もちろん具体的な事件には口を出せないものの、抽象的なかたちで、こんな問題についてはどう考えたらいいだろうか。たとえば原発問題、行政事件に対してはどのように考えたらいいか？　そんな勉強会が開かれているのである。

そのなかで、いままではこうした行政訴訟、特に専門技術的な判断が必要なものについては、あまり裁判所は口を出さないほうがいいだろうと、かなり消極的であった。

ところが、その後、やはり裁判所の内部でも、もう少し踏み込んできちんと判断してもいいのではないかとの機運が出てきたようにも聞く。

その表れが、先に論じた福井地裁の樋口裁判長や今年三月に関電高浜原発3・4号機の運転差し止めを決定した大津地裁の山本善彦裁判長などの判断なのだ。

もちろん憶測にすぎないが、裁判官の世界も昔のようなガチガチの最高裁の意向に添わないとダメだというようなおかしな世界ではなくなっているのかもしれない。また、いまでも地裁レベルの裁判官のなかには、本当に自分の良心のもとで判決を出すのだと強い矜持を抱く裁判官がいるのだとも思う。

三権分立よりも内閣総理大臣の権能が一段上位にあるという事実 —— 植草

日本の統治構造は議院内閣制と呼ばれるもので、アメリカの大統領制とは少し異なる制度になっている。統治機構の専門家はこう述べる。

「議院内閣制は、どちらかと言えば権力を創出する仕組みで、一方、大統領制は、むしろ権力を抑制する仕組みである」

つまり議員内閣制の場合には、議会の多数勢力が行政権の長を輩出して、その行政権の長そのものが、議会の多数派の代表者を兼ねているケースが多いので、権力の機能が強化されるというのである。これに対して大統領制は、議会と大統領が別々の選挙で選ばれるために、権力を〝牽制〟し合う傾向があるというのだ。

日本は三権分立の仕組みになっているが、日本国憲法の規定で、内閣には最高裁長官の指名権および最高裁裁判官の任命権がある。そして下級裁判所の裁判官については、最高裁の指名した者の名簿によって内閣が任命する。つまり、裁判所の人事権は内閣が握っている。

私たちは日本国憲法は三権分立を定めており、立法、行政、司法は独立した存在であると考えやすいが、憲法の規定をよく読むと、内閣総理大臣の権能が一段上位にあり、内閣総理大臣の支配権が実際には優越しているという問題点があるのではないかとの疑問を持っている。

つまり、内閣総理大臣が権力を濫用して、裁判所人事に積極的に関与していくと、最高裁の長官および裁判官人事を通じて最高裁を支配し、さらに、下級裁判所の人事をもコントロールしてしまうことができる。

内閣総理大臣の地位に就く者が権力分立の根本精神を理解し、自己抑制的に行動すれば弊害は回避できるが、逆に内閣総理大臣が権限を最大限利用する、権力を濫用すると、非常に危険な状況が生まれてしまうと危惧する。

この問題はＮＨＫ支配の問題と完全に重なる。ＮＨＫの最高意思決定機関が経営委員会で、放送法は経営委員会委員任命権を内閣総理大臣に与えている。ＮＨＫ会長を選出するのは経営委員会で、その会長が経営委員会の同意を得て副会長や理事を任命する仕組みなので、内閣総理大臣が権力を濫用すればＮＨＫを実効支配できてしまう。現実に安倍政権はこれを地でいっている。

日銀についても同様だ。日銀には五年に一度、総裁、副総裁の人事があるが、その時点にたまたま内閣総理大臣の地位にある者が自分の考えに合う人を総裁、副総裁に任命すると、日銀も内閣総理大臣の「私的な」機関と化してしまう。

このように、私は日本国憲法が定める日本の統治機構の仕組みのなかに、内閣総理大臣による「暴走」を生み出しかねない危険性が内包されているように感じている。権力を濫用する者を内閣総理大臣の地位に就かせないという現実が確保されるなら、杞憂ということになるが、小泉政権や安倍政権を見ると杞憂とは言えない気がする。

最終的には最低四年に一度ある総選挙の際に、国民が現実を注視して適正な判定を下せば、最悪、悪夢の時間は四年を最長に終わることになるのかもしれないが……。

議院内閣制と大統領制 ―― 伊藤

本来、議院内閣制という行政システムは、独裁を避けようとして採られたものである。その行政の権力がどこに帰属し、どのように行使されるか。そのあり方として議院内閣制と大統領制の二つがある。大統領制もいろいろあるのだが、アメリカの大統領制をイメージするとわかりやすい。

日本の場合、行政権は内閣に帰属する。まずは内閣という合議体に行政権が帰属するわけだ。これが憲法第六五条1項に書かれている。

その内閣はどう組織されるかというと、国会が指名した総理大臣が組閣をすることになる。簡単に言えば、国民との関わり方は間接的である。

国民は国会議員を選び、その国会議員のなかから総理大臣が選ばれて組閣されるので、国民との距離が間接的なかたちになる。そして合議のなかで行政を進めて意思決定をしていくという仕組みが議院内閣制である。

大統領制とは、大統領という一人の人間に行政権が集中するシステムといえる。「独任制」という言い方もする。

大統領という個人一人の人間にすべての行政権が帰属し、大統領をサポートする補佐官が周りにいて内閣をつくる。彼らはあくまでも補佐をするだけで、行政権は一人の人間に帰属するのが大統領制である。

しかもその大統領は国民が直接選挙をして選ぶ。アメリカは間接選挙ではあるが、実際には直接選挙と変わらない仕組みになっているから、国民が直接大統領を選ぶと言って差し支えない。国民から直接の支持を得て、一人の人間に行政権が帰属するという大統領制は、かなり独裁に結びつきやすい。強力なリーダーシップを発揮できるけれども、反面で独裁に結びつきやすいわけだ。

他方、議院内閣制は合議で決めるから、そこでは慎重な審議が行われる。また国民から間接的に選ばれているだけだから、その正当性も国民から直接選ばれたという強い力はない。だからいきおい慎重に行政運営を行うことになる。だが、迅速性には欠ける。

したがって、議院内閣制も大統領制もそれぞれメリット、デメリットがあるわけである。

立法権と行政権が事実上一体化している日本――伊藤

日本は憲法をつくるときにイギリス型の議院内閣制を採用した。やはりそれは、日本においての独裁の危険を避けたかったからで、大統領制は日本になじまないとする判断があったのではないか。ドイツなども同様の考察があったように思う。

ところが、その成り立ちから抑制的であったはずの議院内閣制が、現実には国会が選んだ人が行政のトップになることから、立法権と行政権が実質的に一体化してしまっているのが日本である。

よく「政府与党」という言葉が使われる。政府は行政、与党は国会の中の多数派を意味する。つまり、「政府与党」という日本語は、国会と内閣を一緒くたにした言葉であるわけで、本来ならばおかしい。しかしそれがごく普通に「政府与党は」みたいなことをメディアも一般人も言ってしまう。

このことは日本の立法権と行政権が事実上一体化してしまっており、それだけ三権分立が〝後退〟している証左だと思う。いわば強力な権限、権力を議院内閣制に与えてしまった格好になっているのだ。

本来ならば、そういう強力な政府与党が生まれた場合、二つのものが抑制役として期待される。一つは野党の存在である。野党が一定の力を持ち、できれば政権交代などをして抑止力を働かせる。もう一つは、政府与党という「政治部門」と対峙する「司法部門」を機能させることだ。司法部門がしっかりと力を持って抑止力を働かせる。

野党による抑止力と、司法による抑止力。これが効いてはじめて、議院内閣制が健全に運営されるという建前がある。

ところが残念ながら野党の部分のところは、かつて五五年体制のもとでは、「なんでも反対」と揶揄されながらも、政権交代はなかったけれど、一定のブレーキ役は果たしてきた。ただし現在はどうなのか。そこの力が問われている。

一方、司法のほうは植草さんが指摘したとおりだ。最高裁の長官を内閣が指名する。また実際には裁判官も内閣が任命するから、その点では結局、政権の意向を受けた人が最高裁の長官になっていく。あるいはその傾向がかなり強い。

だが、それは言葉を変えれば、その人事は国民から一番遠いところの人事といえる。だからこそ、内閣はできるかぎり〝抑制的〟に人事権を行使しなければならない。それが憲法を理解している総理大臣、内閣がすべきことなのだが、いまの安倍内閣は権利の濫用というか、刀をそのまま鞘から抜き出して行使してしまっている。

また裁判官も法律家である以上、いくら内閣から選ばれたとしても、第七六条3項にあるとおり、自己の良心と憲法と法律にのみ従わなければならない。選任された本人がプロ意識を持っていなければならないということだ。

どんな人事制度にしても、常に選んでくれた人の意向に影響を受けてしまいがちになるものである。日銀総裁もしかり、やはり自分は金融のプロであって、政府の言いなりにはならないというプロ意識を発揮すべきなのだ。裁判官もしかりである。したがって、選ばれた側のプロ意識がどうなのかという問題があると思う。

というのは、アメリカでも大統領制の下、アメリカ連邦最高裁の九人の裁判官を大統領が指名するルールになっている。上院の承認が必要とはいえ、大統領が選ぶ。たとえば大統領が共和党であれば、共和党の息がかかった人がアメリカ連邦最高裁に送り込まれる。

ただアメリカの場合は終身制だから、裁判官が亡くなるなり、あるいは職務を全うできなくなって辞任して欠員がでると、そのときの政権党が新たな裁判官を選ぶのだ。ただアメリカの場合、はっきり政治的な意味合いで裁判官を選ぶことを、国民も理解している。

結局、アメリカの場合は政権交代があるから、結果的にはほぼ半々ぐらいの構成にはなっている。他方で日本は、これまで政権交代があまりなかったものだから、どうしても一方的な人たちばかりが最高裁に入り込んでしまっている。

そんなこともあって、従来の日本の最高裁の判決はどうしても政府寄りのきらいがあった。それは制度の問題もあるけれど、どんな制度にしても、誰かが選ばなければいけないから、やはり何らかの歪みが出てしまう。

今後は、選ばれた側のプロ意識を国民がどうチェックするのか。そこが重要となってくる。

小選挙区制が生んだ自民党総裁への権力集中――植草

かつて自民党にはけっこう大きな派閥がいくつかあり、党内においてある種のチェック・アンド・バランスが機能していた。それが「小選挙区制」という選挙制度が導入されて、党の公認権と資金配分権を持つ人に権力が集中して、党内の権力構造において独裁的な側面が強まったように思う。これは野党にも共通する特徴だ。

また公明党が自公政権というかたちで政権に参画してくると、公明党の支援を与えるか与えないかの権限を持つ自民党内におけるキーパーソンが、総裁に次ぐナンバー2としての権力者になってしまうような傾向が生じている。

特に小泉政権以降の政治状況において、自民党総裁への権力集中が非常に強まってきた。その自民党総裁が同時に内閣総理大臣であり、その内閣総理大臣が権力濫用に走ると、三権分立を軸とする、憲法が定めている権力に対するチェック機能が大きく低下してしまうように思う。

最高権力者をコントロールするものが何もないという状況――伊藤

現在の安倍政権においては低下どころか、権力のチェック機能がまったく働かなくなった。

憲法上は第六八条で、一応首長という立場に総理大臣を位置づけて、閣僚の任免権を与えている。その任免権という強力な権限があるものだから、憲法上、内閣は合議制で、実際は内閣総理大臣に強烈なリーダーシップを与えてしまった。

ただ、それでも内閣法はじめさまざまな法律によって一定の縛りがあった。それを小泉政権のときにサッチャー政権のイギリスを真似て、議院内閣制なのだが、大統領制に近い、強力なリーダーシップを果たせるように法整備を行って、内閣の官邸の力を格段に強くした。

いまでは国家公務員の人事権、とりわけ幹部官僚の人事権などを官邸が事実上握ってしまったわけで、今後は官僚組織も官邸が自由にコントロールできるようになる。こうした官邸、イコール総理大臣に権力がどんどん集中しているわけである。

アメリカの場合には、それを国民が直接選んでいるから、その責任は国民に跳ね返ってくる。ところが日本の場合には、国会の多数派から選ばれている。結局、総理大臣を選んだ母体も与党であり、仲間うちでやっているわけである。

つまり、強力な力を持った一人の人間をコントロールするものが何もないという状況が、いま、生まれている。

事実上、権力の濫用ができてしまうような仕組みが、小泉政権以降どんどんつくられてしまった。決められる政治だとか、決断できる政治だとか、スピード感のある政治だとか、そういうものをある意味では国民が求めた結果がいまの状況を招いたのかもしれない。

党議拘束に反した議員に科せられた信じ難いペナルティ――植草

小泉政権時、郵政民営化をめぐってさまざまな動きがあった。郵政民営化選挙においては、小泉元首相は、「自民党総裁の私が郵政民営化を訴えているのだから、それに反対する者は公認しない」と宣し、実際にそうした行動を取った。

しかし、仮に自由民主党が自由と民主主義を重視する政党だとすれば、党の代表に選ばれたことは独裁者になることを認められたことではなく、自由と民主主義を尊重する政党の単なる代表者＝党首に選ばれただけに過ぎないはずだ。

党内にさまざまな意見の違いがあるときに、ある意見を持つ者は党から排除するという権限を党首は与えられていない。ところが郵政民営化選挙に際して、小泉首相は自分の意見に反対する者に公認を与えなかっただけでなく、同じ選挙区に刺客を放った。日本の民主主義が機能不全に陥る契機になった事案だと言える。

結局、TPPでも同じことが言えるが、自民党内に、異なる主張があるときに、国会の議決において「党議拘束」がかけられる。

その党議拘束に反した者に対してペナルティが科せられる。究極のペナルティーは、その議員を公認しないこと、さらに刺客を放つことである。民主主義政治、政党政治における党議拘束の是非、あり様について伊藤さんに教えてほしい。

先進国で党議拘束がここまできついのは日本だけだろうし、党議拘束自体が民主主義の根本原理に反するようにも思われる。たしかに、イギリスにおいても全体の二割程度の法案に党議拘束がかかるものがあると聞くが、それでも制裁処分などを聞いたことがない。

最近でもシリアへの空爆をするかどうかで、保守党内の意見対立があり、空爆反対の人は反対を主張して討論が行われた。同じ政党であっても、意見対立があるのは自然なことで、その対立を解決、あるいは縮小するために議論をする。それが民主主義の、当然のプロセスだ。

後段の日本政治の今後のあり方の議論につながる問題だが、たとえばいまの民進党においては、特に原発、憲法、TPP、あるいは基地、消費税などの問題などで、同じ党と言いながら、自公とほとんど同じ主張をしている人と、反自公の主張をしている人が同居している。

このような政党に対して、特に比例代表選挙では、主権者の側は選びようがない。この政党に一票を投じても、何をするかわからないからだ。この意味で、選挙の際に、それぞれの政党および候補者に公約を明示させ、主権者はその公約に基づいて投票行動をとることが重要になる。

党執幹部の使い走り、党の幹部の駒を増やすだけの党議拘束――伊藤

いまは党議拘束があるために、一人一人の議員が何を考えているのか、わからない。もっと言えば、勉強しなくても国会議員がやれてしまう。「党が決めたことですから」の一言で、そ

れこそ安保法制をよくわかっていなくても、「これは党が決めたことですから、一応それに従います」で終わってしまう。

逆に公約違反の行動をとる大義名分というか、言い訳、口実にされてしまう悪い側面が顕在化してくる。私は個人的にはこうなのだが、でも党の幹部が決めたことだから仕方がないとの言い訳ができてしまうからだ。これでは、国会議員は国民の代表ではなくなってしまう。単なる党の幹部の使い走り、党の幹部の駒でしかない。

第３章

緊急事態条項と本当の民主主義

緊急事態条項とヒトラーの全権委任法――植草

安倍政権が今度の夏の参院選で、参議院の三分の二の改憲勢力を確保すれば改憲に動くのではないかと言われている。

もともと第二次安倍政権が発足した直後、憲法第九六条の改定に言及したものの、それに対する世論の反発が非常に強かったことから、それを引っ込めて、第九条の議論に切り替えていった。

ただ一方で、自民党が先にやりたいのは、二〇一二年に発表した「憲法改正草案」のなかに盛り込まれた、緊急事態条項の発議という見方が出ている。これは緊急事態条項を盛り込んだ憲法第九八、九九条を新たに加える「加憲」である。

第九八条　内閣総理大臣は、我が国に対する外部からの武力攻撃、内乱等による社会秩序の混乱、地震等による大規模な自然災害その他の法律で定める緊急事態において、特に必要があると認めるときは、法律の定めるところにより、閣議にかけて、緊急事態の宣言を発することができる。（第2項以下は省略）

（緊急事態の宣言の効果）

第九九条　緊急事態の宣言が発せられたときは、法律の定めるところにより、内閣は法律と同一の効力を有する政令を制定することができるほか、内閣総理大臣は財政上必要な支出その他の処分を行い、地方自治体の長に対して必要な指示をすることができる。（第2項省略）
3　緊急事態の宣言が発せられた場合には、何人も、法律の定めるところにより、当該宣言に係る事態において国民の生命、身体及び財産を守るために行われる措置に関して発せられる国その他公の機関の指示に従わなければならない。この場合においても、第一四条、第一八条、第一九条、第二一条その他の基本的人権に関する規定は、最大限に尊重されなければならない。
4　緊急事態の宣言が発せられた場合においては、法律の定めるところにより、その宣言が効力を有する期間、衆議院は解散されないものとし、両議院の議員の任期及びその選挙期日の特例を設けることができる。

引用部分は一部抜粋だが、第九八条、九九条とは内閣総理大臣が緊急事態を宣言すると、法律と同等の効果を持つ政令を出すことができ、選挙もしなくてもよくなるというものだ。ある内閣が永遠に続いてしまうという可能性も出てくる。そして内閣は人権も制限できることになる。決定的に重要なことは、緊急事態を宣言する要件が明確に定められていないことだ。

外部からの武力攻撃や大規模な自然災害が書かれているが、それ以外に「内乱等による社会秩序の混乱」とも書かれており、集団的自衛権の行使容認の要件と同類で、内閣の〝腹一つ〟

でいくらでも「拡大解釈」が行われて「非常事態宣言」が濫用される危険が満載だ。
ヒトラー内閣が成立させた一九三三年の「全権委任法」に類似した効力が発揮されることへの警戒感が一気に高まっている。

災害対策に緊急事態条項はまったく必要ない――伊藤

日本の憲法だけが国家緊急権の条項を持っていない。どこの国も緊急権条項はあるという言われ方をすることがある。明文にはないけれど、アメリカ合衆国憲法にも、大統領権限として軍の指揮権が一応認められている上、マーシャルロー（戒厳令）というかたちで緊急事態への対応が認められると考えられているので、憲法上、国家緊急権を想定していないのは日本だけと言える。

だが、法律家にしてみれば、どこもおかしくない話である。なぜなら国家緊急権は戦争条項の一つで、軍隊を持って戦争する国は緊急権条項を持っているのが当然なのだ。日本は戦争をしない国で、正規の軍隊を持たない国なのだから、緊急権条項を持たなくしたというだけのことである。

戦前の大日本帝国憲法の下では、非常大権（ただい、事実上発動されていない）や戒厳令、緊急勅令、さまざまな緊急事態条項を持っていた。

ところが、戦争をしない国になったものだから、それはもう不要ということにした。ただ憲法制定の議論のなかで、日本は地震など自然災害が多い国だから、やはり何かあったときのためにということで、緊急集会の条項を一つ、日本の意思で入れたというわけだ。

本来の緊急事態条項は戦争条項だから、日本の憲法には書かれていないだけの話である。裏を返せば、これを入れようという動きは、まさに戦争をする国への一歩という意味でしかない。

災害対策というのはまったくの口実に過ぎない。実際に阪神淡路大震災も東日本大震災も、そしてまた今回の熊本地震もそうだが、ここで仮に迅速に行政が対応できなかったとしても、それは憲法のせいではまったくないわけである。

災害対策の基本は、「準備していないことはできない」である。たとえば東日本大震災でもそうだったが、日本は法律でそのあたりはすべて整備済みで、実際には災害対策基本法、災害救助法などさまざまな法律のオペレーションの訓練をしていなかっただけのことであった。ましてや原発の被害などは想定外だったわけで、それを想定して避難、救助等の準備をしていなかっただけで、決して憲法が理由で対応が遅れたわけではなかった。

だから、第九八条、九九条の加憲は悪い〝冗談〟でしかない。災害対策や災害救助は、そんな簡単な話ではない。憲法に緊急事態条項を書けば、国民の命が救われるほど甘い話ではない。特に現場の自治体がどれだけの権限を持って準備し、また訓練をするか。それに尽きるわけである。

災害対策を口実に緊急事態条項を加えることに対しては各地自治体、弁護士会も皆これに猛反対している。そんなものを口実に憲法を改正されたのではたまらないと、仙台市の奥山恵美子市長、各弁護士会などが声明を出している。

災害対策で緊急事態条項が必要だというのは、まったくのデマでしかない。もう一つ重要なことがある。それは、緊急事態条項は立憲主義を破壊する極めて危険なものだということだ。「権力分立」と「人権保障」が立憲主義の二大特質であり、本質だと言われている。フランス人権宣言第一六条には、「権利の保障が確保されず、権力の分立が定められないなら、国は憲法を持つものではない」と書かれている。

要するに、権力分立と人権保障の二つとも国家の都合で国家の存続のために〝停止〟してしまうのが緊急権なのである。内閣に権限を集中させ、特に政府に立法権を集中させてしまうのが緊急権の特徴といえる。

緊急事態の下で憲法改正までできてしまう可能性――伊藤

だから、自民党が二〇一二年に発表した改憲案においても、まず、「第九九条では、内閣は法律と同様の効力を有する政令を制定できる」と書いてある。

先に示した改憲案に「…法律と同様の効力を有する…」とあるが、ここに作為がある。日本の法の仕組みとは、いまある法律に対して新しい法律ができると、前の法律は新しい法律で書き換えることができる。ちょうどワープロソフトの上書きみたいなもので、前の法律を新しい法律に書き換えられるわけである。

これは前の法律と同等の効力を持つ政令で、既存の法律をすべて〝政令〟で内閣が書き換えられることを意味している。

たとえば刑事訴訟法という法律がある。その刑事訴訟法について、今回の改正でどこまで盗聴ができるかが議論されている。盗聴するためには一定の刑事訴訟法による制限が当然あるわけだが、その現行の刑事訴訟法を内閣の政令一つですべて書き換えてしまうことができるようにする。それが法律と同一の効力を有する政令の制定という意味なのである。

新たな法律を政府が勝手につくれるうえに、いまある法律を内閣が勝手に〝変える〟ことができる。そんなとんでもないことを第九九条以降は言っているわけである。

そうやって立法権まで内閣は掌握してしまう。そして第九九条の3項では、「何人も内閣等の指示に従わなければならない」ことを認めている。これはあらゆる人権が〝制限〟されるという意味に他ならない。

よくこの緊急権の濫用、ナチスによる濫用の例として、たびたび引き合いに出されるのがワイマール憲法の四八条である。

ワイマール憲法ができた一九一九年当時は、まだ議会があまり信用されていなかったことから、大統領の権限として緊急事態条項を設けた。実際、議会において十分に実質的な議論ができずに小党分立になったり、トラブル続きだったので、大統領の緊急権が二百何十回も発動されている。つまり、ヒトラー登場の前に緊急権の濫用はすでに常態化していた。

それでもワイマール憲法四八条は七つの人権を制限できると、一応条文には書いてあったのだが、今回の自民党の改憲案には、そんな制限は一切ない。すべての人権が制限されてしまう。

しかも自民党の改憲案には、緊急事態であると内閣が宣言したなかで、できないことの〝限定〟が何ら示されていない。

ということは、緊急事態であっても、ツイッターやLINEやfacebookを禁止して、表現の自由を封じているなかで、その気になれば憲法改正もできてしまう。

出版の自由をいったん停止、場合によっては制限した上で、憲法改正を国民投票にかけて、六〇日後には憲法改正まで到達する。緊急事態を引き伸ばしていけば、なんと緊急事態のもとで憲法改正までできてしまうわけである。

普通はそこまでやらないだろうと思いたいけれど、普通ではない現在の安倍政権は何をしでかすかわからない。政権を維持するために緊急事態条項を利用する危険性、可能性が多分にある。

実際にフランスでは、フランス憲法第一六条の緊急事態条項を、ドゴール大統領が「アルジェリア動乱」のときに発動した。

実際には現場の将軍たちの反乱は数日間で終わったはずだったが、ドゴール大統領は新聞や出版社に対する検閲を行い、表現の自由を規制することを数カ月間も続けた。自分への批判も封じ込めたかったからである。緊急権条項とは政権担当者にそうやって使われるものなのだ。

緊急権の濫用はなにもナチスの例ばかりではなく、フランスでさえそういう使われ方をした過去があるわけで、この緊急権条項が本当に有害なものであることを教えている。

だから、自民党改憲案の緊急権は災害対策として必要がないどころか、むしろ有害で、この危険性を本当に多くの日本国民に知ってほしい。こんなものを認めてしまったら、大変なことになることをしっかり自覚してほしいし、国家緊急権を規定する憲法を有する国も、その行使についてはほぼ例外なく、憲法裁制所などの司法のチェックが相当厳しく入る。その司法的なチェックに関して、今回の自民党の改憲案には何一つ書かれていない。まさに内閣のやりたい放題。ナチスの全権委任法とほとんど変わらない内容の緊急権条項を提示して、これを災害対策として発議したいようなことを言う。これは決して許されることではないと思う。

七月の参議院選挙の争点にすべき緊急事態条項――植草

差し迫るリスクが山積している。ＴＰＰも非常に重要だが、緊急事態条項の加憲も重大だ。参議院選挙で改憲賛成勢力が参院の三分の二を上回れば安倍政権は改憲に突き進む可能性が高い。最初に手をつけると見られるのが日本版全権委任法＝緊急事態条項の加憲だ。現況は最悪だ。二〇一三年の参議院選挙で自民党が勝ったために、今回の非改選議席は与党勢力が非常に多い。

安保法制に関して自公以外で同法案に賛成したのが、「日本のこころを大切にする党」、荒井広幸さんたちの「新党改革」、「日本を元気にする会」で、その後にできた「おおさか維新」の主張も賛成だ。非改選の一二一議席のうちの八六議席戦争法制賛成勢力であり、八六対三五以上で安倍政権陣営を打ち破らないと参議院の勢力逆転が生じない。

逆に戦争法制賛成勢力が今回の選挙の結果を受けて参議院全体の三分の二を占有してしまうことが、簡単に否定できない状況になっている。戦争法制賛成勢力＝改憲賛成勢力と仮定すると、この勢力が七月参院選で七六議席以上を確保すると改憲が可能になってしまう。文字通りの崖っぷちにあることを忘れてはならない。こんな状況だから、逆に安倍政権が選挙時に憲法改定を表に出さない可能性がある。

しかし、選挙が終わった段階で改憲勢力が衆参両院で三分の二を確保すれば、憲法改定を具体的に進めて、衆参両院で発議して国民投票にかける可能性は十分にあると思う。

そのときに具体的に何をやるのかが問題になるが、オールマイティな最悪のジョーカーと言える「緊急事態条項」を取り上げる可能性が高いと思う。

実は、安倍政権に対峙している野党勢力のなかにも緊急事態条項そのものに、総論として反対でないという勢力が存在する。むしろ積極的に緊急事態条項を入れるべきだと主張する勢力が民進党内部に存在することも事実で、非常に危険な状態になっている。

オールジャパン平和と共生の顧問でもあるＩＷＪの岩上安身さんは「参院選に際して、憲法改定、緊急事態条項制定阻止をもっと強くアピールする必要がある」と熱心に主張している。私も彼の意見に賛成だ。

主権者が国民とは考えていない政党の下での改憲論議は危険すぎる——伊藤

東日本大震災の翌年だったか、中山太郎・元憲法調査会会長が「緊急事態に関する憲法改正試案」を発表したとき、慶応義塾大学の小林節教授と一緒にシンポジウムを慶応で開催した。当時、中山さんは当然ながら改憲、小林さんも「立憲主義を守るためにはこういうものは入れておかないと」と緊急事態条項は必要という立場で推進、私だけが「これは本当に危険だ」と反対を唱えた。だが現在はその小林さんですら、いまの政権に改憲などはさせられないと、自公政権の対立軸として発言している。

憲法改正の議論はもちろんその中身も重要だけれど、どのタイミングでどういう政権の下で憲法改正の議論をするのかも極めて重要だと思う。

緊急事態条項は必要ではないのか。それは理屈として考えられ得る議論だ。だが、その前提が、憲法をしっかり守る、立憲主義をしっかり理解して、それを実践していく政治情勢のなかでの改憲の議論ならば、十分議論する余地はあるだろう。

ところがいまの政権は、さまざまな場面で垣間見られるように、この国の主権者が国民とは考えていない。官僚あるいはグローバル企業が主権者であるかのごとくの振る舞いをしている。

そんななかで、この改憲の議論をし、かつ緊急事態条項などに、いや緊急事態も必要かもしれないぐらいの安易な気持ちで乗ってしまうと、とんでもないことになる。

したがって、どういう状況の下で改憲の議論をするのかも、私たち主権者はしっかりと踏まえておかねばならない。彼らは逆にそこを狙ってくるわけだから、そういうものに惑わされないようにしないといけない。

よく言われるように、ナチスはいろいろと言葉の言い換え、すり替えなどをしながら、国民を誘導していったわけである。

少し前に古舘伊知郎さんの番組でも紹介されていたけれど、現政権は「独裁」を「決断できる政治」と言い換える。それから「戦争の準備」のことを「平和と安全の確保」という言葉で置き換えた。

ナチスに戻ると、ドイツのベルリンの国会が放火された後に、約五〇〇〇人の共産党員を逮捕した根拠となったのが緊急命令であった。「国家と民族を防衛するための緊急令」というのが正式名称である。

全権委任法はたかだか五条のもので、第一条に、内閣が法律を制定できるとあり、第二条には、その法律は憲法に違反することが〝できる〟とある。この滅茶苦茶な全権委任法と呼ばれる法律の正式名称は「国家と民族の危機を除去するための法律」なのである。

だから、政権から「危機を除去するために必要です」「防衛のためです」「平和と安全の確保です」などと耳ざわりのいい言葉を使われてしまうと、国民はなかなかそれに反対できない。緊急事態についても「災害対策は絶対に必要です。国民の安全と安心を守るための改正です」という言葉に流されてしまうと、大変なことになってしまうわけである。

やはりそういう言葉に流されないように、われわれ主権者が賢くならなくてはいけない。惑わされない力をつけていかねばならない。

低く設定されてしまった憲法改定をめぐる国民投票のハードル——植草

安倍政権を見ると、御用達のコピーライターが関与しているのだろうが、特定の言葉を選定して、その言葉を繰り返す手法が目立つ。麻生太郎が「ナチスの手口を学んだら」と発言したが、これもナチスの手口だ。

いまの日本では、情報空間を少数の特定メディアが支配してしまい、政治権力がそのメディアを使って情報を統制してしまっているために、一般の市民に真実の情報が行き渡っていない。憲法改定について安倍首相は、「国会は憲法改定を発議するだけで、最終的に判断するのは国民だ」と発言する。

その国民が憲法改定を最終的に判断するために「国民投票法」という法律が整備(二〇〇七年五月一四日に成立)されたが、その際に「国民の承認」を満たす要件が論議の対象になった。

日本国憲法第九六条は、憲法改正の要件として「特別の国民投票又は国会の定める選挙の際行われる投票において、その過半数の賛成を必要とする」と定めている。論議の対象になったのは、「過半数の賛成」を全有権者の過半数の賛成とするのか、それとも投票総数の過半数の賛成とするのかだった。憲法改正のハードルを高く設定するべきと考えるなら、国民投票法において、有権者全体の過半数の賛成を「承認」の要件とするべきだろう。

日本の最近の国政選挙のように投票率が五〇%とか、あるいは地方の首長選挙のように三〇%、四〇%という状況が憲法改正をめぐる国民投票において発生し得るとすれば、危険このうえない。なぜなら、投票総数の過半数の賛成が、主権者全体の二五%、あるいは一五%の賛成しか意味しないことになるからだ。こんな少数の賛成で憲法を改定してしまうことは避けるべきだ。

しかし、国民投票法における「承認」の基準は、投票総数の過半数にされてしまった。非常に危険な「国民投票法」なのだ。

最低投票率の定めが何もない国民投票――伊藤

投票総数についてさらに言えば、それは賛成の投票と反対の投票の総数だから、有効投票の総数になる。

憲法の第九六条の条文を誤解する人がけっこういる。国民投票の過半数の賛成とあるものだから、国民の半分以上が戦争する国になるのは賛成しないだろうと、皆一瞬思うのだが、実際はそうではない。

最低投票率の定めが何もないのだ。したがって、投票率四〇%でそのうちの過半数となれば、有権者のたった五分の一程度の賛成、あるいはもっと低い賛成で憲法改定案が通ってしまう。この国のかたちが変わってしまうわけである。

さらに言えば、国民投票は発議されてから六〇日から一二〇日の間に実施されるのだが、投票の二週間前までは、いわば投票運動は自由。スポット広告から何から自由に展開できるのだ。そうすると資金力が豊富な政権側は、さまざまな宣伝を、映像を使いながらこれでもかと出してくるだろう。そうしたいわばムード、雰囲気、プロパガンダなどの流れのなかでの国民投票になっていく。

やはり投票する側の国民がしっかりと見極めないと、ムード、雰囲気に流されてしまったり、それこそ情報操作に惑わされてしまったり、目先の利益に目を奪われて判断をすると、あとで取り返しがつかないことになってしまう恐れがある。

突破する側は、ある一点に焦点を合わせてガッとくればいい。けれども、いまの憲法解釈を維持しようとする側は、常にそれぐらい緊張して守っていかねばならないので、なかなか大変だ。

国民投票を実施するための要件、衆参で三分の二の賛成確保は、決して可能性が低いわけではないことをわれわれは常に意識しながら、次の参議院選挙も、いずれ行われる総選挙も考えていかねばならない。

野党は現政権が目指しているゴールをきちんと見据えた上で、統一候補を立てることはもちろんのこと、画期的な共闘が望まれるところだ。

参院選で必要不可欠となる日本共産党を含む野党勢力の結集――植草

参院選の勝敗は、三二ある「一人区」の結果に大きく左右される。参院選の改選議席は一二一。このうち四八議席が比例代表だ。選挙区は都道府県単位で定数六の東京、定数四の神奈川、大阪、愛知、定数三の北海道、埼玉、千葉、兵庫、福岡、定数二の茨城、静岡、京都、広島、それら以外が定数一である。二〇一六年の選挙からは、鳥取・島根、高知・徳島が二県で定数一になる。共産党が「国民連合政府」構想を示して、三二の一人区で野党共闘を成立させることが大事だと主張。その結果、三二の一人区すべてで、統一候補が擁立されることになる。

二〇一四年一二月の衆議院総選挙での自民党の絶対得票率（比例代表）は一七・四％にすぎなかった。絶対得票率とは有権者総数に対する得票の比率のことだ。公明党を合わせて二四・七％。自公以外野党勢力絶対得票率は二八％だったが、自公が衆議院議席の六八％を獲得した。

今回参院選でも自公候補に対し、反自公勢力が複数候補を立てれば票が分散し、衆院選の二の舞になる。逆に「安倍政治を許さない！」の立場を共有する野党が協力して統一候補を立てて戦うなら、全有権者の二五％の票を得れば自公と互角の勝負になるし、投票率が上昇して絶

安倍政権与党が衆議院圧倒的多数を占有した構造

	改選前	2014年	占有率	選挙区	比例	比例得票率	絶対得票率
与党計	326	325	68.4	231	94	46.8	24.7
自民	295	290	61.1	222	68	33.1	17.4
公明	31	35	7.4	9	26	13.7	7.2
野党計	153	150	31.6	64	86	53.2	28.0
民主	62	73	15.4	38	35	18.3	9.6
維新	42	41	8.6	11	30	15.7	8.3
共産	8	21	4.4	1	20	11.4	6.0
次世代	19	2	0.4	2	0	2.7	1.4
生活	5	2	0.4	2	0	1.9	1.0
社民	2	2	0.4	1	1	2.5	1.3
無所属	15	9	1.9	9	0	-	-
合計	479	475	100.0	295	180	100.0	52.7

対得票率が三割を超えれば、野党が勝利することになる。

二〇〇九年八月三〇日の総選で鳩山政権が誕生したとき、鳩山民主党の絶対得票率は比例代表で二九・一%だった。これは二〇一四年一二月の総選挙での自民党の一七・四%の二倍に近く、全有権者の三人に一人近くが民主党に投票したことを意味する。

当時は自民政権に対する批判が広がり、民主党に対する期待が高まった時期だった。世の中の風の向きや空気の変化で、こうした状況はいつでも発生し得る。

安倍政権はいま、共産党を含む反自公勢力結集を非常に恐れている。これを阻止するために、共産党との共闘の危険性を訴えるキャンペーンを展開してる。民進党の一部勢力が、これに同調し、共産党との共闘がマイナスであると主張している。この動きは明らかに自民党と通じるものだ。

他方、野党勢力のなかで、共産党を除く野党勢力の結集を模索する動きも浮上した。仄聞《そくぶん》するところによると、表向きは共産党以外の反自公勢力の選挙協力だが、裏側では安倍首相官邸サイドからの共産党排除の野党分断工作の働きかけによるものだという。

つまり、安倍政権は共産党を含む野党勢力結集に対して、強い警戒感を抱いているのである。安倍政権は民進党と共産党による共闘を「民共合作」と表現して揶揄しているが、日中戦争での「国共合作」では、国共側が勝利しており、民共合作の言葉での野党共闘批判では、自分たちの敗北を予言することにもなる。

自民党側に寝返った鈴木宗男さんの新党大地が政府に答弁を求めた質問趣意書に対して、政府は、「日本共産党は現在も破壊活動防止法の調査対象団体。日本共産党が（合法化した）一九四五年以降、国内で暴力主義的破壊活動を行った疑いがある」と回答するなど、共産党に対する攻撃姿勢を強めている。

共産党が単独で国会過半数を共有して、共産党が単独で政権を樹立する可能性があるなら、懸念を持つべきかもしれない。しかし、現時点での最重要課題は安倍政治の暴走を止めることであり、「安倍政治を許さない！」という共通認識の下で共産党を含む反自公勢力の結集を図ることが必要不可欠であることは間違いない。

小選挙区制を逆手に取って勝つ――伊藤

共産党がここまで譲歩したというか、従来の方針を変えてまで、自公勢力を止めようとしたことは、未だかつてなかったことで、〝前代未聞〟の事態が訪れている。

私は、安倍政権が前代未聞の政治をこれまで平気でやっているわけだから、対抗する側も前代未聞の対応をしなければ、とても太刀打ちできないと思う。

いま私たちは、前代未聞の訴訟を起こす準備をしている最中ではあるのだが、やはり選挙の場面でも、いままでとても考えられなかったようなことをやっていくべきであろう。たとえば、市民の総掛かり行動だ。いままで分かれて運動をしていた市民がいま、連携して一つになりつつある。それを受けて、政党も野党同士の共闘がどれだけ必要なのかを認識し、市民ムーブメントと合体していく。

当然それは安倍政権側にしてみれば恐ろしいわけだから、さまざまな妨害工作、キャンペーンを打ってくるはずだ。それは植草さんの指摘の通り、かなりの危機感、警戒感を持っている現れでもあると思う。

野党勢力が共産党と一緒になんて、まさしく「野合」そのものと与党議員たちは口を揃えて非難するが、ちょっと待ってくれと言いたい。

その前に自民党、公明党が一緒というほうが余程おかしいのではないか。たとえば平和でも

与野党逆転のハードルが高い2016年参院選

2016年参議院銀通常選挙

改選されない議席は
自民65　公明11　与党76
安保法制賛成政党　10
与党系議席が　86
安保法制反対議席　35

参議院議員定数=242名
3年に1度の改選
任期は6年で半数ずつ改選
121人が選出される

121議席が改選され
与党は46議席獲得で過半数維持
与党系議席で76以上なら3分の2超
2016年参院選での与野党逆転は困難

121の改選議席のうち
選挙区定数　73
比例代表定数　48

改選数	選挙区数	選挙区
6人	1選挙区	東京都
4人	3選挙区	神奈川、大阪府、愛知県
3人	5選挙区	北海道、埼玉県、千葉県、兵庫県、福岡県
2人	4選挙区	茨城県、静岡県、京都府、広島県
1人	32選挙区	青森県、岩手県、宮城県、秋田県、山形県、栃木県、山梨県、新潟県、富山県、石川県、福井県、長野県、岐阜県、三重県、奈良県、和歌山県、鳥取県、島根県、山口県、徳島県、香川県、愛媛県、佐賀県、長崎県、熊本県、大分県、宮崎県、鹿児島県、沖縄県

福祉でも、いままで主張してきたことがまったく異なる二つの政党が、一緒に政権与党にいるではないか。それに比べたら、余程マシだ。

少なくとも安保法制なり、自公政権の大きな流れを止めるという意味では、共産党だろうがなんだろうが、一致して統一候補を立てていくことは不可欠である。

もう一つは、ここまで自公政権の暴走を許してしまったのは、小選挙区制という選挙制度の悪い面の影響が出たからに他ならない。選挙制度がおかしいと、いままで多くの人たちが批判していた。私も、小選挙区制よりも比例代表がいいと思っている人間の一人である。

だが、小選挙区制だからダメだと批判するだけでなく、逆に小選挙区制を逆手に取って、先程も示したように、ほんのちょっと動けばひっくり返る。いままで得票率が四九対五一だったところが、二％動くだけで政党の勢力がひっくり返るわけだ。その小選挙区制をうまく逆手に取って、次のステップに進むことは、現実的に必要であり、重要なことである。

共産党が野党第一党になるようなショック療法が必要だ——植草

選挙制度については、いろいろな議論があって当然だと思う。当然それぞれの制度に長所と短所があり、完璧なものはない。

民意を正確に表すことで言えば、比例制は一番死票を少なくして、有権者の投票分布にほぼ比例した議席配分が可能になるので、これがいいのかもしれない。

ただ、その際にどのような議席配分が実現するのかによっては、ある特定の政権の構造が長期化、固定化してしまう弊害が出てくる可能性がある。他方、小選挙区制を導入すると、たった一回の選挙でも政権交代が実現する可能性が高くなる。

これも可能性を高めるだけで、政権交代を保証するものではない。現在の日本のように自公が結束する一方で、反自公勢力も一つにまとまることができれば政権交代は容易になるが、反自公勢力の分断状況が維持するなら政権交代実現は難しく、小選挙区制のメリットは生かされない。

これまでは、共産党はすべての選挙区に独自候補を出して、一定の得票を得てきた。このために、反自公の考えを持つ主権者の票が分散し、政権交代が実現しにくくなってきた。しかし、共産党がすべての選挙区に独自候補を出すのことをやめて、「反自公」勢力の結集を図る行動を取るだけで、状況がガラリと変わってくる。

今回の参院選で、三二の一人区で野党共闘が成立する。これが功を奏せば次の衆議院総選挙での野党共闘に弾みがつく。再度の政権交代の展望が開けてくるだろう。

主権者である国民にとっては、どの政党に政治をやってもらうかより、どのような政策が実行されるかが重要だ。共産党であろうと、自民党であろうと公明党であろうと、主権者国民が望む政策が実行されることが大事なのだ。「政党より政策」というのが主権者の心情だ。

小選挙区制には欠点もあるから、望ましい選挙制度のあり方を検討することは大事だ。しかし制度改定には時間がかかる。いま求められることは、現在の選挙制度の下で日本政治を刷新する先着と戦術を構築することだ。

その意味で、共産党の行動変化の意味は極めて重大だと思う。共産党を含む反自公勢力の結集なくして日本政治の刷新は難しいと考えられるからだ。

問題は別のところにある。先述したとおり、野党第一党の民進党の中に、野党共闘を妨害しようとする勢力が存在していることだ。その勢力の政策主張は、原発、戦争法制、ＴＰＰ、辺野古の基地、格差、消費税の各問題において、自公に近い。つまり、政策を基軸にする反自公勢力結集においては、この「自公補完勢力」が邪魔な存在になる。

維新の党と民主党が合併して民進党という新しい政党になったが、この民進党が、言ってみれば「水と油の混合物」で日本の与野党対立をわかりにくいものにする元凶になりかねない。民進党を水と油に分離させることが必要であり、その変化を促す意味で、次の衆議院総選挙で、共産党が民進党に代わり野党第一党になってしまうような、一種のショック療法が必要ではないかとさえ思う。

主権者である国民が主導して政党を引っ張っていくムーブメント —— 植草

いずれにせよ、政策を基軸にして自公に対峙する勢力が連帯することが必要不可欠だ。これを実現するには、政党にだけ委ねることはできない。党利党略が議論をゆがめてしまうだろう。政党まかせにせず、主権者である国民が主導して政党を引っ張ることが必要だ。「オールジャパン平和と共生」は、その一つでもある。政策基軸・超党派・主権者主導の原則を掲げている。

とはいえ、選挙後の政治活動の中核は政党が担う。政党の行動が当然のことながら重要なかで、野党第二党の共産党が重要な行動変化を示した。この変化を活用し、主権者国民が主導して、日本政治刷新を実現しようとする気運が広がりはじめている。

戦争法制の強行制定を前にした昨年八月三〇日、「戦争させない・九条壊すな」総がかり行動による国会包囲が実施された。一〇万人を超す主権者が集結した。ところが安倍政権は九月一九日、議場に怒号が飛び交うなかで戦争法制＝安保法制を強行制定した。大多数の主権者が安倍政治の横暴を認識する機会になった。

重要課題は、戦争法、安保法制にとどまらない。「オールジャパン平和と共生」の三月一八日「安倍政治を許さない！　参院選後決起集会」で作家の落合恵子さんが「原発、ＴＰＰ、辺野古基地、格差の各問題の根っこは同じだ」と訴えたが、まったく同感である。

共産党は原発稼動、戦争法、ＴＰＰ、辺野古基地、格差、消費税への反対を明示しており、「オールジャパン平和と共生」の政策方針と完全に一致する。

「安倍政治を許さない！」と考える議員、政党、主権者の認識は基本的に一致している部分が多く、連携・連帯の輪を広げることは十分に可能な状態だ。

だが、現在の参院選における三二の一人区野党共闘を考えると民進党との共闘を実現しないわけにはいかない。そこで、すべての政策における完全一致を追求せずに「戦争法廃止」「自公勢力打倒」の一致点を軸に力を合わせる方針が了解されたわけである。

しかし、次の衆議院総選挙においては、立候補予定者に対して、公約明確化を求める必要がある。オールジャパンでは立候補予定者に公開質問状を送付し、主要問題点に関する公約を明示してもらう予定だ。

明示した公約は守られてこそ意味がある。事後的な検証も大事になる。次の選挙での落選運動も視野に入れる。主権者は公約を吟味して投票者を選択することになる。そして公約明示の目的は、主権者が主導して、主権者が支援する候補者を各選挙区で一人に絞り込むことにある。政党まかせでなく、きめ細かく、主権者国民が動き、情報を開示して政治刷新を目指すことになる。

本当の民主主義とは選んだ人を監視し続けていくこと――伊藤

民主主義、特に間接民主制は、掲げられた公約に対して、主権者・国民が判断をし、支持をして国政へと送り込む。そこで行われることに関しては、それが法的には「公約に拘束されない」というのが憲法の考え方だ。

昔のイギリスであれば、公約に違反すると罰則があったり、損害賠償請求されるような法的な拘束力があったが、いまはそういうものはないという考え方に変わった。

ただ、政治的な責任は負うことになる。公約違反は法的な責任は負わないけれども、政治的な責任が生じる。それは何かというと、次の選挙で〝審判〟を受ける。つまり、そこに政治家と国民とのダイナミックなやりとりがあるわけだ。

国民がその公約で国政へと送り込んだ。ところが代表者が議論してみたところ、審議、討論の末、どうしても妥協しなければならず、妥協した。その成果を有権者が見て、確かにそれも必要だったと主権者が考えたら、また次も支持をすればいい。やっぱり公約違反だろうと考えれば、次の選挙で落とすわけである。

こうしたダイナミックなやりとりが間接民主制の仕組みで、だんだんいい方向に向かっていこうというのが基本的な目論見だ。だから、一回の選挙ですべてが決まるという話ではない。粘り強く、常に主権者が選挙をし、そしてその後の議員の行動を監視し続けていくことが、民主主義の基本なのである。

アメリカの法教育の小学校低学年向けの教科書のなかで、「デモクラシー」「レスポンシビリティ」「オーソリティ」「プライバシー」の四つの項目の説明がなされている。

たとえば「デモクラシー」とは、あなたたちが大人になったときに代表者を選ぶことだけではない。選んだ人を監視し続けていくことが本当の民主主義だということを小学校低学年で教えているのだ。

つまり、権力は監視し続けるもので、信頼の対象ではない。

「国民の信頼を裏切って申し訳ありません」などと頭を下げる議員が時々いたりするが、とにかく常に不信感を持って、猜疑心を持って、主権者は権力を行使する人たちを見ていくのが民主主義の基本なのである。

自分の身に跳ね返ってくる選挙結果——植草

日本の現状では選挙に参加しない有権者が半数近くに達する。選挙前に自民党大勝という情報が流され、選挙に行っても意味がないと判断した有権者もかなりいるだろうが、政治に関心を持てず、選挙に行く気を持たないという人も少なからずいるのだろう。

しかし、選挙結果は、自分の身に跳ね返ってくる。政治に無関心ではいられても、政治に無関係ではいられないからだ。選挙に参加するのは権利だが、オーストラリアなどでは、選挙に行くことを義務としている。政治権力による情報誘導を排除することも大事だが、同時にすべての主権者に選挙に行くことの重要性を認識してもらうことも非常に大事になる。

自己決定権の政治への反映が民主主義——伊藤

政治に無関心ではいられても、無関係ではいられない。政治はすべて自分の生活に跳ね返ってくる事柄なのだ。自分が選挙に行かなかったことによって、ありとあらゆるリスクを引き受けるということに他ならないわけである。

言葉を変えれば、自分はどうなってもいいと、自分を捨ててしまっているのと同じことだから、それは大変もったいないことなのだ。

だからその掘り起こしの際に、もちろん教育はじめいろいろなことが必要だとは思うけれど、私はいつも、自分のことは自分で決めたい。それを大切にしたいと思っている。

たとえば渋谷の駅前でギターを掻き鳴らして、好きな歌を歌いたいとか、夜中までクラブで踊って楽しい時間を過ごしたいとか、若い人たちだって、自分の思うようなことをしたいだろうし、それを自分の意思で実現したいはずだ。

その周りの環境を自分の意思でつくり上げていく。自分の町を自分たちでつくり上げていく。自分の国は自分たちでつくり上げていく。決して自分と離れたところに政治があるのではなく、基本は自分が〝どうしたいか〟である。その延長線上に選挙権があって、その先に国づくり、政治があるわけだ。

自分のやりたいことや欲求。これは憲法で自己決定権と言うのだが、その自己決定権の政治への反映が民主主義なのである。

第４章

主権の喪失を意味するＴＰＰへの参加

無党派層の約七割が野党統一候補に投票した北海道五区――植草

二〇一六年四月二四日に衆議院の補欠選挙があり、北海道五区では自民党の和田義明氏と野党統一候補の池田真紀氏の一騎討ちになった。結果は一万二〇〇〇票の僅差で和田氏が当選したが、七月の参院選に向けて、非常に示唆を与える選挙であった。

北海道五区の補欠選挙における出口調査結果を見ると、無党派層の約七割の主権者が池田真紀氏に投票した。投票率が上積みされる場合、無党派層が投票所に足を運び、「安倍政治を許さない！」意思を示す投票が増大する可能性が高いのである。

投票率が五割なら、「安倍政権与党」VS「社民共生＝オールジャパン平和と共生」の絶対投票率は、二五％対二五％の互角の勝負になるが、投票率が六割になれば、二八％対三二％で、社民共生が勝利すると期待できるのである。

数式にして表せば「25＋(10×30%)＝28＜25＋(10×70%)＝32」、単純化すれば「25＋3＜25＋7」ということになる。これをオールジャパン平和と共生・勝利の方程式と表現しておこう。

北海道五区の場合、恵庭と千歳が自衛隊の街とも言える現実があり、この両地域で自公への投票が多かった。そのために、投票率が六割に接近したのに池田氏は勝利できなかった。

また、自民党が強い地域の一票の価値が重く、自民党が弱い地域の一票の価値が軽いという、不公正な現実が横たわっているから、きめ細かな対応が必要になるが、勝利の方程式の基本を理解して参院選に取り組むことが必要である。

安倍政権は共産党を含む野党と市民の連合が構築されることに警戒を強めている。そのために、共産党を含む野党共闘＝野党連合＝市民連合構築を妨害する工作活動を活発化させる可能性が高い。この工作活動に、民進党議員の一部が加担する可能性が高いことに警戒が必要である。しかし、野党共闘の有効性は北海道五区の選挙で、改めて立証された。共産党を含む野党共闘を強化する一方、次の衆参両院の選挙における投票率を引き上げるための努力を拡大する必要がある。

条約であるTPPの将来を暗示する「沖縄代理署名訴訟」の判決――伊藤

北海道の補選では特に若い人たちがさまざまなSNS、ホームページなどを使って、ずいぶん支持を広げていた。

自民党公認と無所属の戦いということで、選挙カーの台数も、貼れるポスターの枚数も違うわけだから、自民党圧勝ぐらいのところからスタートしたはずのものが、ほぼ互角ぐらいのところまでキャッチアップした。

直前のさまざまな調査によると、期日前投票を入れないと野党・非自公のほうが三%ぐらい上回っていた。ところが、期日前投票を入れると逆転されてしまった。言うまでもなく、期日前投票の分は公明党の組織票である。

ただ今回の惜敗は、いままでは選挙に行っても何も変わらないと思っていた若い人たちや無関心層に対して、そうではなくて選挙に行くだけで変わるのだという格好の事例となった。その無党派層の七割が野党側に入れたことは、相手にとっては脅威となっただろうし、私たちにしてみれば勇気づけられる結果となった。

かねがね植草さんが言及してきたとおり、七月の参議院選挙での争点としてクローズアップされるのは、原発、消費税、ＴＰＰの三つとなる。このなかで重要であるにもかかわらず、わかりにくいのがＴＰＰである。実際に法律家のなかにも、ＩＳＤＳ条項があまりよくわかっていない人たちがいるし、都市部の人たちは、安くて良いものが輸入されるのではないか程度の感覚しか持っていない。

その原因を突き詰めていくと、事実を歪めたかたちで伝えるメディアの姿勢、メディアの問題に収斂される。私が行っている「一人一票」の裁判。あれなども単純に都市部と地方の対立のようにすり替えられてしまい、そんな話ではまったくないのに、地方の声が反映されなくなっていいのかなどと報じられている。

ＴＰＰについても、既得権や利権にまみれた農業、第一次産業の人たちと、安くて良いものを自由に入手したい都市部の人たちの対立、そんな構図で報道がなされている。メディアが単に報道しないのではなく、まさに事実を歪曲して伝えてしまうのは大変な問題である。

コラムなどで植草さんが「ＴＰＰは条約なので、抜け出すのが難しい」と幾度も指摘しているが、まったくその通りである。これに関連して安保条約とのかかわりで、沖縄の基地問題について、過去いくつか裁判が行われたことがあった。

在日米軍基地の用地を提供していた所有者が米軍使用を拒否。米軍と所有者との合意が見込めないなか、米軍は強制収容の手続きを進めた。ところが、そこの自治体の長が土地調書などの署名を拒否したので、当時の大田昌秀知事に代理署名を求めたところ、大田知事も署名を拒否した。そのため国はその執行を求めた。これがいわゆる「沖縄代理署名訴訟」である。

一九九六年八月二八日に出された最高裁の判決は次のように言っている。

「日米安全保障条約六条、それから日米地位協定二条1項により、国は日米両国間の協定によって合意された施設及び区域を駐留軍用に供する条約上の義務を負うものと解される」

つまり、わが国が締結した条約を誠実に遵守すべきことは明らかであるという。その安保条約に基づく義務を履行するために、必要な土地等を、すべて所有者との合意に基づいて取得することができるとは限らない。だから、これを強制的に収容することは、条約上の義務を履行するために必要だと言っている。

要するに、いったん条約を締結してしまうと、その条約上の義務を履行することが国家の義務になる。確かに憲法九八条2項で、国際法規を遵守する義務は憲法上規定されている。いったん条約が締結されてしまうと、その憲法九八条2項によって、わが国は条約上の義務を履行する義務を負う。そのために必要なことなのだという抗弁のもとで、あらゆる施策に対して、これは憲法違反であることをいくら主張しても、司法、裁判所ですら、それを退けることは極めて難しくなってしまうということである。

この訴訟においても、もともとの安保条約が「違憲無効」だと言えればいいのだが、例の砂川事件判決によって、安保条約については、一見極めて明白に違憲無効ではない以上、裁判所としては、これが合憲であることを〝前提〟として判断せざるを得ないとはっきり言っているわけである。

独立国家としての主権が失われることになるTPP締結――伊藤

TPPの条約自体についても、違憲無効の裁判を仮にしたとしても、明確に違憲無効であると判断しない限り、それが合憲として存在することを〝前提〟に国の義務であるからとすべてが動いていく恐れがある。

しかもTPPに関しては、国民が情報を知らされず、国民のみならず国会も情報を知らされず、本来ならば百歩譲っても秘密会などを開いて、国会議員は議論しなければいけない。それをまったく情報もなしに、TPPという条約が承認されようとしている。

このような経緯で承認されるならば、まったくこれは主権者国民の意思とは言えない。それは明らかに憲法六一条違反、七三条2項違反になるからだ。

ただそれでも、TPPがいったん締結、批准されてしまうと、事実上どんどん進展するわけだから、この危険性、理不尽さを選挙の争点にして、きちんと国民に知らしめたうえで投票に行ってもらうことは、ものすごく重要なことであろう。日本政府がＴＰＰを承認すれば、国民の主権が失われるのみならず、独立国家としての主権も失われてしまうことになる。

ＴＰＰは決して一次産業と都市部の人たちの対立の問題ではない。この国の医療、保険、薬をはじめ、ありとあらゆる公共サービスがＴＰＰをきっかけにグローバル企業の餌食になっていくからである。

ＴＰＰの理不尽さがどれだけ国民生活に重大な影響を与えていくのかを私たちはしっかり認識しておかねばならない。個別のところでの理不尽さは、ＩＳＤＳ条項で日本の裁判所は何も手を出せないわけだし、その条約そのものについても、前述したように条約の違憲無効に持ち込むのははなはだ困難である。したがって、この問題を指摘しながら、来る参議院選挙、衆議院総選挙において争点化していくことは極めて重要だと思う。

昨年は「戦争法反対」で集まってきた市民が、だんだんと「安倍政治は許さない」という方向に守備範囲が広がってきた。やはり安倍政治の根底にあるものの考え方、思想、価値観そのものが国民目線ではない。国民よりも国を大切にする、そしてグローバル企業をはじめとする大企業を優先していく姿があらゆるところで見られ、それに国民が気づきはじめた。

その一つの象徴が二〇一五年九月二〇日の、憲法を踏みにじり、日本を戦争する国につくりかえる「戦争法」の強行採決であった。

けれども、安倍政治がもっと根の深い恐ろしさを孕んでいることに多くの市民が気づきはじめ、とにかく安倍政治を倒さなければならないという共通の認識から、いま、さまざまな共闘が生まれてきている。

日本の司法権を毀損するＩＳＤＳ条項――植草

日本国憲法第四一条は、立法権を国会に付与している。第七六条は司法権を裁判所に付与している。ＴＰＰに入ると、日本の司法権が毀損されることになる。アメリカ企業がＩＳＤＳ条項で日本政府を提訴する場合、世界銀行傘下のＩＣＳＩＤという紛争処理機関が裁定を下す。

伊藤さんのお話にもあったように、日本政府が条約としてＴＰＰに署名して、国会が承認してしまうと、条約の内容に対して日本国憲法四一条違反や、七六条違反で違憲訴訟を提起しても、最高裁がそれを認めるかどうかわからない。むしろ否定してしまう危険が高いのだろう。

ＴＰＰ合意文書の第三〇章にはＴＰＰから脱退する条項があるが、実際に日本が国民の総意を受けてＴＰＰ離脱を意志決定したときに、問題なくＴＰＰから離脱できるのか、疑問が残る。別の面で強い報復措置を受けないとは言い切れない。

日本の裁判所は社会経済政策問題に関して一歩引いて判断する――伊藤

条約が批准された場合、それが実態的に憲法違反であったとしても、それを違憲無効であると裁判所が判断するまで、まず何年もかかる。五年かかるのか一〇年かかるのかわからないけれど、その間に既成事実がつくられて日本国内は相当荒らされてしまうことになるだろう。

そもそも最高裁が、こうした極めて政策的な判断を伴うような問題に対して、明確に「違憲無効」とするのは極めて難しいだろうと思う。特に社会経済政策問題に関しては、裁判所は一歩引いて考えるのが基本的な発想であるからだ。日本の裁判所は表現の自由を守ること（役割）についてすら、それに対してまったく機能を果たしてきていない。

唯一、平等に関する問題についてだけ、若干最高裁は違憲判決を出すことはある。けれども、本来裁判所に期待されている、たとえば精神的自由権の保障だとか、平和の維持のための裁判などについて、いわば人間生活の根源に関わるようなものについて、裁判所はあえて消極的立場をこれまで取ってきた。

ＴＰＰのようなかなり経済政策的な、かつ外交が絡むような問題については、裁判所が違憲判断をすることは、相当難しいと覚悟しておかねばならない。それでももちろん争わなければならないのだが……。

微妙に風向きが変わりはじめた「ＴＰＰ交渉差止・違憲訴訟」――植草

私は「ＴＰＰ交渉差止・違憲訴訟」の原告に加わり、すでに四回の口頭弁論期日を経過した。担当は東京地方裁判所の松本裁判長である。

裁判長は当初、安倍政権の意向を受けてのことと推察されるが、この裁判を早期に結審してしまおうとの姿勢を露骨に表していた。憲法違反であるとの重大な訴訟事案であるにもかかわらず、原告からの意見陳述さえ十分に認めないという不誠実な態度を示していた。

メディアの対応もひどいもので、この重要訴訟事案を、まったく報道しない。裁判の傍聴券を求めて三〇〇名もの主権者が参集し、憲法違反の訴えを起こしているのに、その事実すら伝えない。社会の公器である報道機関としての最低限の責務さえ放棄している。

メディアが事実すら報道しない理由は、安倍政権がＴＰＰを強引に推進しているからだ。多数の傍聴希望者が参集し、かつ、国民に与える影響が甚大な訴訟事案である場合、テレビ局は法廷の模様を撮影し、解説を加えて報道するのが常である。ＴＰＰの真実を伝えようとしないメディアの姿勢は際立っている。

ところが、毎回の口頭弁論期日に二〇〇名を超す主権者が参集し、門前集会、報告集会を重ねるなかで、微妙に風向きが変わりはじめた。法廷で原告はＩＳＤＳの問題を取り上げ、これが、日本の裁判所の権利を失うものであることを訴えた。

裁判長は当初、ＴＰＰの内実を理解していないようだったが、ＴＰＰに盛り込まれるＩＳＤＳ条項が日本の国家主権、なかんずく司法権を侵害するものであることを知り、訴訟指揮の姿勢を微妙に変化させたように見える。

ＴＰＰ脱退は不可能なのか？――伊藤

ＴＰＰという条約を締結してしまったら、脱退は難しいと言わざるを得ない。その条約のなかに、どのようにこれを廃止するかの手続きが入っていれば別だ。たとえば安保条約のように、一年前に一方的に通告して終了という条項が入っていれば、その手続きに従えばいいだけのことである。

そうでなく自動更新のようなかたちになっていると、相手国の承諾がない限り、実現は限りなく困難になる。対外的には相手国が了承してくれなければ、もう一度、他の国を全部集めて、日本が抜けることを承認してもらう手続きが必要だが、これは事実上、不可能であろう。

たとえ国内的に憲法違反の判決が出て、「国内的には違憲なので、日本はそれに基づいて何もできない」と突っ張ったら、それこそ訴えられて、仲裁機関から多額の国家賠償を請求される事態に陥るだろう。いずれにせよ、ＴＰＰから脱退する手続の規定がどうなっているのか、それを明確に確認しておく必要がある。

農業分野の関税で聖域として守られた品目はゼロ――植草

ＴＰＰ違憲訴訟と並行して、ＴＰＰが大筋合意、最終合意に至るなかで、ＴＰＰ批准阻止行動も活発に展開している。二〇一六年三月三〇日には座り込み、総決起集会、請願デモを実施、また毎週水曜日夕刻の国会前アクションも実行してきた。請願デモや議員会館前行動ではママデモ代表者などの発声で「コール」が行われる。

「コール」では「ママの票は一票も自民党にはあげない！」とか「農家の票は一票も自民党にはあげない！」などの声が湧き上がっている。

メディアはTPPを、海外のものを安く買えるようにする自由貿易推進の仕組みで、消費者にプラスだと説明するが、あまりにも一面的な評価だ。特にTPPがもたらす重要な弊害のひとつに食の安全・安心が破壊されるという問題がある。これは子どもを持つ母親にとって、気になることだ。

農産物については、産地と農法が明らかでなければ安全・安心を確保できない。ところがTPPによって産地表示が「差別的である」として排除されてしまう可能性がある。産地表示の撤廃は消費者の知る権利を侵害するものである。

国産小麦の残留農薬は少ないが、輸入小麦の残留農薬は多いのが通例だ。基準値をクリアしていても、外国産小麦の摂取が蓄積されれば、子どもたちに健康被害が生じるリスクが高まる。食の安全・安心を確保するための「予防的」な表示義務が、TPPによって排除される可能性が高い。

遺伝子組換え（GM）食品などについて、モンサント社などの供給者は「有害性の科学的立証」がない限り、表示義務を課すことは「差別的」で損害を与えるものだと主張する。

2012年に自民党が示したTPP交渉参加の判断基準

1 政府が「聖域なき関税撤廃」を前提にする限り、交渉参加に反対する

2 自由貿易の理念に反する自動車等の工業製品の数値目標は受け入れない

3 国民皆保険制度を守る

4 食の安全安心の基準を守る

5 国の主権を損なうようなISD条項は合意しない

6 政府調達・金融サービス等は、わが国の特性を踏まえる

ＩＳＤＳ条項を活用した提訴では、こうした主張が認められてしまう恐れが大きいのである。

日本の食品添加物や農薬などの規制が、完全にアメリカの基準に置き換えられてしまう可能性が高く、日本の国民の食の安全・安心はますます確保できなくなるはずだ。

農業への影響ももちろん深刻だが、農協という組織が自民党の支援組織に組み込まれているため、農協幹部が自民党にからめとられているのが実情だ。補正予算で農協幹部に利権マネーが流され、組織としての農協がＴＰＰ反対と叫べない状況がつくられている。このために農協に所属している農家も、表立ってＴＰＰ反対を言いにくい空気がつくられている。

しかし、農家はＴＰＰが具体的にどのよ

うな影響をもたらすのかについて正しい情報を与えられていない。

コメ、ムギ、肉、砂糖、乳製品のいわゆる重要「五品目」について安倍政権は「聖域なしを前提としない」との公約を提示したが結局、この五項目＝五品目についても大幅な関税率引き下げが決定され、五九四品目中の一七〇品目が完全撤廃になった。残りの品目については関税が残存したが、七年後には再協議の対象となる。また、関税撤廃の除外項目となった品目は、ゼロであることが国会審議で明らかにされた。

七年後の再協議は日本だけに強制されるもので、TPP交渉で日本が譲歩のトップランナーであったことが明らかになっている。「聖域を守る」は真っ赤なウソで、中期的には「聖域なき関税撤廃」が強制される可能性が高い。

そうなると、日本の一般的な兼業農家の農業が壊滅的な状況に陥るのは確実である。日本の津々浦々の美しい田園風景を守ると安倍首相は述べているが、その信ぴょう性はゼロと言わざるを得ない。

日本市場に参入してくるアメリカの医薬品、医療機器メーカーの目論見 ―― 植草

周知のとおり、アメリカの医薬品及び保険業界の政治的影響は極めて強い。TPPを通じる彼らの対日戦略は二段階の構えである。

第一段階では、日本の公的医療保険制度での保険収載を狙う。TPP合意を受けて日本以外

の国で承認を受けている医薬品、医療機器について、日本での審査、承認の手続きを省略する方向で制度変更が強制されることになる。米国資本はまず日本の公的保険医療制度内での収奪を目指す。

その結果として、日本の公的医療保険の支出がさらに急増することになる。結局、日本の公的保険医療制度が抜本改変されることになる。

このときに、強欲資本の思惑と日本の財務省の思惑が合致する。日本の財務省は医療費支出を削減するために、日本の医療を「二本立て」に移行させようと企んでいる。

つまり、日本の医療を、公的保険医療と公的保険外医療の二本立てにしようというのだ。公的保険医療の支出に上限を設定し、これを超す部分は公的保険外医療に移行させる。これがいわゆる「混合診療全面解禁」の実態になるのではないか。

現行制度では保険外医療を受ける場合、本来なら適用になる医療行為も保険適用外となり全額自己負担になる。他方、混合診療制度では、本来の保険適用部分には保険が適用され、保険適用外の部分だけ全額自己負担になる。だから混合診療の解禁は、患者にとって有利な制度だという説明がなされている。しかし、このような説明にだまされてはいけない。

現行制度のなかに、高額療養費制度がある。所得水準による差があるが自己負担額の上限が定められており、高額療養費が発生しても本人負担は一定金額を超えて発生しない。一定の負担は生じるが、基本的にすべての人に十分な医療が提供される仕組みが用意されている。

ところが財務省が描く将来の医療制度は、これとまったく異なるものだ。混合治療を全面解除して医療を公的保険医療と公的保険外医療の二本立てにする。高額医療は保険適用外にするというものだ。

アメリカの医薬品及び医療機器会社は、最初は日本の公的保険収載を目指し、そこで売上を伸ばすことを狙う。将来、日本の医療が二本立てになる際には、「民間医療保険」がカバーする公的保険外医療のエリアで売上を伸ばす。アメリカの保険会社は「民間医療保険」で儲《もう》ける。「民間医療保険」は高額になるから、これに加入して十分な医療を受けられるのは富裕層に限られることになる。つまり日本でもアメリカと同じように、医療の分野に明確な貧富の格差、所得格差が持ち込まれるわけだ。

重大な病気にかかったときに「貧富の格差」によって十分な医療を受けられる人と、受けられない人が出てくることになる。これを「がんばった人が報われる社会」の一言で片づけてしまっていいとは思わない。

やがては消滅する運命にある共済制度——植草

金融分野については、すでに小泉政権の時代に郵政マネーが郵政民営化によって、いわゆるハゲタカに収奪される構造がつくられてしまった。TPPがこの流れを加速させることは間違いない。折しも、あの「かんぽの宿」不正払い下げ未遂疑惑事案の中核にいた三井住友銀行出身者が日本郵便社長に就任するというニュースが伝えられている。

二〇〇二年、いわゆる小泉竹中金融行政が「金融再生プログラム」を提示した。銀行の多くが自己資本不足の危機に直面、りそな銀行は自己資本不足に追い込まれ、経営陣を排除して公的資金が投入された。小泉竹中勢力による事実上の乗っ取りだった、三井住友銀行にはハゲタカの代表と言えるゴールドマン・サックスの資金が入り、自己資本不足が解消された。三井住友銀行は実質的にゴールドマンの支配下に入ったと言えるが、この三井住友が郵政民営化の主役になった。その中心に位置したのが三井住友フィナンシャルグループ元代表の西川善文氏。

西川氏が日本郵政に引き入れた「チーム西川」と呼ばれた三井住友関係者が、「かんぽの宿」をオリックスに不当に安い価格で払い下げようとしたのではないかという疑惑が国会で大問題になった。ハゲタカが、郵政マネー収奪を着々と進めてきたことは明らかだ。

ハゲタカの触手は、日本のGPIF（年金積立金管理運用独立行政法人）、さらにはJA共済やコープ共済にも伸びるはずだ。日本特有の共済制度は、非営利であるため、利用者にとって非常にコストパフォーマンスの良い保険商品を提供している。

日本がTPPに入れば米国の保険業界は日本の共済制度が外国資本に対して〝不利益〟を与えていると主張して、日本の共済制度そのものを破壊しようとするだろう。

これらのいずれもが、ISDSをテコにして発生する事態である。問題はISDS条項を活用しての日本の諸制度改変が、TPP発効の時点では目に見えないことだ。かたちに表れていれば批判は容易だが、将来顕在化する恐れの高いリスクをわかりやすく訴えることは難しい。農業、食の安全安心、医療、そして金融の問題と、私たちの身近なところで、本当に深刻な命と暮らしの問題が広がっているのである。しかも、いったんＴＰＰに入ってしまうと足抜けするのが難しいだろう。伊藤さんが解説くださったように、憲法違反の疑いが濃厚であってさえ、最高裁判所が判断を忌避することが十分に考えられるのだ。

これは戦争法制のとき以上にすべての主権者が声をあげて、行動しなければならない大問題であると思う。

国家の存続に関わる食料安全保障を脅かすＴＰＰ――伊藤

遺伝子組み換え作物や産地表示の問題は、本来は個人が一定の情報を得た上で、自ら選択する自己決定権という人権が憲法一三条で保障されている。

つまり、何を食べるのか、どのようにして自分の健康を維持するのか。それは、本来は個人が決定すべきことであり、その個人の決定に対して必要な情報を提供するのが国家の役割のはずである。ところが、さまざまな食品について個人が判断するための情報が、ＴＰＰに入ることで提供されなくなってしまう。これは食に関する個人の一人一人の自己決定権が奪われるということに他ならない。

ＴＰＰは日本の農業を崩壊に導くと同時に、日本の食料自給率をさらに引き下げるに違いない。これはとりもなおさず、食料の安全保障が脅かされることを意味し、ここでも国家の独立性が脅かされることになる。

その食料の供給を他国に依存しなければならないことは、さまざまな他の政治課題において、その食料供給国の言い分を聞かざるを得なくなる可能性が出てくる。これは日本がさまざまな政策決定において主体的に意思決定ができなくなることを意味する。

戦後、アメリカに軍事的に依存してきたため、なかなかアメリカから独立した意思決定が難しかったのと同じように、今度は食料依存をすることによって、アメリカ以外にも日本が依存しなければならない国が出てくる恐れがあるわけで、これも大変な問題である。

医薬品、医療器具についても同様だ。海外で承認を受けているとはいえ、体の構造はアメリカ人と日本人では大きく異なる。アメリカ人にとって安全かもしれないが、日本人にとって安全かどうかはわからない。だからこれまでは、海外メーカーの医薬品や医療器具については個別にかなり細かな承認手続きを取ってきたという経緯がある。

アメリカ医療器具メーカーなどは、そこを非常に負担だと考えていた。ＴＰＰによりそこを簡略化するわけである。これでは、アメリカの医療器具メーカーや医薬品メーカーなどのために、日本の国民の命を差し出すようなものではないか。

どこに価値基準を置くのか。結局、それがここでも大きく問われているのだ。先に植草さんが指摘した医療の二本立ては、当然、病院経営にも影響してくる。

そうすると町のクリニック、診療所の経営がどのようなかたちになるのか。当然それは担い手である医師の志、精神構造にも大きく影響を与えていくことになる。

本来は金儲けの手段でなかったはずの医療が、ますますビジネスの方向へと進んでいってしまう。それを後押ししているのがＴＰＰなのであろう。

日本の司法が危機的状況に瀕していることを知らない司法関係者――伊藤

ヨーロッパにおいて、ＥＵのなかでさまざまなかたちで権限の委譲がなされた。イギリスなどを除き、すでに通貨発行権はそれぞれの国にはない。軍事面においてもＮＡＴＯ軍に委譲した。このように従来の独立国家が、主権の委譲を背景にどんどん違ったかたちに変容している。

もしも日本がそういうものに乗っていくならば、日本の国のあるべき姿を真剣に考えて、そのゴールを徹底して見据えていかないと、司法の権限さえ委譲してしまいかねない。

ヨーロッパでは、たとえば国内での裁判所で救済されないものは、ヨーロッパ人権裁判所などによって救済してもらえるルールが確立している。国内の司法の上に、ヨーロッパレベルでのそうした上級司法裁判所が位置づけられている。

やはりそこがある程度信頼され、中立的な組織であることが大前提になっているわけである。そういう意味で一定の司法権という国家権力の一部を、国際機関に委譲するということは、あり得る話だろうとは思う。

日本はどうだろうか。国連人権理事会には「個人通報の制度」というものが存在している。けれども、その個人通報の制度すら、日本は認めようとしない。実際、国際人権規約の付帯決議などを認めようとしないわけである。

日本の裁判所はこれまで国際機関の司法に対して抵抗してきたし、常に国家の主権を守る方向で発言してきた。それが今回のＴＰＰに関しては、まったくといっていいほど声を上げない。日本の司法構造自体が大きく崩されてしまう危機的状況に瀕していることを、司法関係者の多くは知らない。それがここにきてようやく、先の植草さんの話にあったように、「そんな話になっていたのか？」と危機意識を担当裁判官が現場で少し持つようになってきた。

だがそれは、たまたまその事件を担当した裁判官であって、その問題性が日本の法律家全体にあまねく伝わっているわけではない。

ましてや市民の間には、まだまだ伝わっていない。だからこそ選挙の争点にすることによって、それをきっかけに国民に知ってもらうべきなのだ。

抽象的にＴＰＰに入るとこの四つの分野で大変な問題が生じるのだと言ってみても、なかなか聞いてもらいにくいところがある。やはり選挙の争点にし、これを一つのテコにする。これを一つのチャンスと捉えていくべきであろう。

ISDSの受け入れは自国が未成熟な国であると宣言するようなもの――植草

米国のノーベル賞学者であるジョセフ・スティグリッツ氏は次のように指摘する。

「モンサント社などGMO（遺伝子組み換え作物）を供給するアメリカ大企業の利益を代弁しているのがUSTR（米通商代表部）である。『消費者は食料品にGMOが含まれていることを知る権利があるのか』とする議論で、多くの国は、『規制はしないけれども、国民には知る権利はある』という立場を取っている。ところがUSTRは、呆れたことに国民に知る権利はないと主張しているのである。USTRはアメリカ国民の利益すら考えていないのだから、ましてや日本人の利益など考えるはずがない」

問題にされた、衆議院TPP特別委員会の委員長職にある西川公也さん本人が書いたと推定されている著書に、ISDS条項についての記述がある。

西川さんの知人の、日本の大手建設業のフィリピン現地法人が、現地で建設を受注して施工し、竣工も終えた。ところが受注先の会社が倒産してしまった。これに対してフィリピン政府がその建物自体を強制的に没収してしまったので、工事代金を回収できなくなった。ISDSがあれば、こうした事案を解決できるのでいいと西川さんは考えた。こんな話である。

法体系が未整備の国に対して先進国の企業が投資をする際、法制度の突然の変更などによって〝想定外〟の不利益が生じるリスクがあることから、投資者を保護するために、国家の外から強制力を働かせる仕組みを設ける必要があった。これがＩＳＤＳ条項が創設された背景である。ただ、この場合でも主権侵害の本質は変わらないわけで、投資者の側の不利益だけを重んじる身勝手なルールであると言うべきだろう。

ＩＳＤＳ条項については、アメリカでもエリザベス・ウォーレン上院議員などは、「ＩＳＤＳは国家の主権を損なうものなので、特に先進国と見なされ、法体系が整っている国であれば、当然、裁判における決定権はその国にあるべきだ」と至極まっとうな主張をしている。したがって、ＩＳＤＳを受け入れるということは、自分の国が未成熟な国であると〝宣言〟するのに等しいことだと言える。

元外交官の孫崎享さんも繰り返しこう語っている。「幕末の頃、不平等条約を締結させられてしまった。あれを是正するのに大変な思いを外交官はしてきた。それをまた自ら、国家の主権、司法権を放棄するようなもの、不平等条約に等しいようなものを、自らの意思で締結しようとすることは、日本が独立主権国家として未成熟の国だということを自白、自ら認めてしまっているようなものである。とても残念だ」と。

根本的な矛盾を抱える安倍首相の行動――植草

国家の主権の委譲という話が先ほどあった。しかし、ヨーロッパの場合、ヨーロッパの没落、斜陽という歴史的背景があった。ヨーロッパの復権を図るために、一つのヨーロッパという機運が高まり、その結果としてＥＵの創設や通貨の統合などの行動が進展してきたのである。

この場合の権限の委譲は、一つのヨーロッパをつくるという思想や価値観があり、この、言わば上位の価値を実現するために委譲できるものを委譲したのであり、「積極的な意味」を持つ権限委譲であったと言える。

ところが、ＴＰＰ参加による日本の主権喪失には見返りの利益がない。放棄する必要のない主権をタダで捨ててしまうようなもので、まったく馬鹿げているとしか言いようがない。主権を捨てて日本の制度をアメリカ化することであり、名実ともにアメリカの植民地に、自ら進んでなってしまおうとするものだ。

ＴＰＰを推進しているのはグローバルな強欲巨大資本であるが、結局はグローバルに支配を進めようとしている巨大資本が、日本市場を完全な支配下に置くためにＴＰＰが必要なのだ。そのための決定打として、日本の主権放棄を目論んでいる。これに応じることは売国そのものだ。

ＴＰＰと同時に整備された戦争法も、日本の自衛隊を完全に米軍の支配下に〝編入〟するための法制度である。アメリカが行う戦争に、日本の自衛隊は、米軍の下部組織として動員される。それを許容するという意味で、名実共に「日本の植民地化を日本政府が推進している」と言って過言でないと思う。

しかしながら、岸信介氏は魂を引き換えに助命され、米国のエージェントになったと見られながら、心の奥底に「このみいくさを来世までも語り残さむ」と、犬の遠吠えのような大義名分としてのこだわりを言い残した。この屈折したこだわりが安倍首相の大日本帝国への回帰願望的な言動に見え隠れしている。

安倍首相の行動は、そのすべてにおいてアメリカの命令への隷従ということで説明がつくが、その一方で、米国からクレームが入らないという範囲内で旧政復古を願望する言動が目につくわけで、極めて卑屈な態度であるとの印象をぬぐえない。

日本がひざまずかされる相手はアメリカでなくグローバル企業——伊藤

安倍首相は新自由主義的な経済を進めようとする一方で、歴史修正主義的な、復古主義的な部分を兼ね備えている。この二つは、本来は相いれないはずである。

日本がアメリカの植民地になるのはその通りなのだが、日本がひざまずかされる相手はアメリカという国家というよりは、やはりグローバル企業であろう。アメリカ自身の多くの市民たちもグローバル企業に浸食されて、特に九九％の本来の主権者たちは大変な思いをしているのだから。

それと同じような仕組みのなかに、日本も組み込まれるのだと思う。だからアメリカの植民地、アメリカと日本の対立というよりは、アメリカの主権者がそのグローバル企業の〝餌食〟になった。次には日本も餌食にしていく。それがアメリカの五一番目の州になっていくようなかたちになって現れているわけである。

グローバル企業の背後の動き、要はロビイストを操りながら、アメリカの政治を動かしていこうとするなかで、アメリカの政治を通じて日本をもそうして動かしてしまい、自分たちの配下にしようとしているのだと思う。

軍事面も同様で、アメリカの軍隊を軍需産業が動かしていくときに、やはりアメリカ国内だと国防費の問題、若者の命の問題などが足枷となってしまう。そうしたコストを考えた場合、その一部を日本に負担してもらい、さらに日本の自衛隊にも米軍が行う戦争に参加をしてもらいたい。そのようなグローバル軍需産業の思いを、アメリカを通じて日本でも実現していきたい。それが結果的には、アメリカの〝二軍〟のように日本がこき使われる。日本人がこき使われるというようなかたちで現れてくるのであろう。

しかも日本の自衛隊は武器をいっぱい買ってくれるわけだ。アメリカが仕掛けた「自作自演」の紛争を世界のどこかで起こして、そこでグローバル企業がまた利益を上げる。そういう戦争に日本も参加してくれれば願ったり叶ったりというわけである。

だから何か国家同士の争いのように見えているけれども、実はその両者の背後には、結局、グローバル企業なるものが、国家の主権を蝕み、国民の主権を蝕んでしまっているのが実相といえる。それがＴＰＰの問題や戦争法の問題に絡んでいる。

第５章

国家なのか、国民なのか？

戦前の「国家が目的、国民が手段」に逆戻りする安倍首相の発想――伊藤

安倍首相については、彼に目指すものがあるのだとしたら、経済的、軍事的に大国でいたい、その国のリーダーでいたいという思いが強いように思える。

彼のなかでは本来は矛盾する新自由主義的なモノの考え方と歴史修正主義的な感覚がどこか相互補完的な作用をしているのではないか。

経済面においては、安倍首相にすれば、日本ではまだまだ軍需産業だけでは財界全体を動かしていくには荷が重い。そこで新自由主義的なもの以外の歴史修正主義的な、復古主義的な人たちの力を借りながら憲法改正を目指したのだろう。戦争のできる国に舵を切り、軍事的に強い国に持っていきたいという思いが安倍首相にはとても強くあるようだ。

そうした安倍首相の方針は軍需産業に多少のメリットをもたらすだろうし、新自由主義を推し進めたいという財界も、表立って反対するまでもないかといったところだろう。また、復古主義的な人たちにしてみれば、経済的に強い国になってくれれば、それはそれで日本の栄光を取り戻せる。

したがって、本来矛盾する思想を持つ人たちが、何か相互補完的な、お互いを利用し合うようなことになって、軍事的、経済的な大国を目指そうとしている。国が大事という方向に向かっているというか、逆走している。戦前は恐らく何よりも天皇や国家が大切であった。

それが戦後に憲法が変わったことで、天皇や国家が何よりも大切という国から、一人一人を大切にするという根本の価値が〝転換〟したはずである。

その一人一人の個人を尊重しよう、一人一人の幸せのために国があるという、その根本のところが気に入らないのか、やはり昔のような天皇を戴く国家が強い国であり、一人一人の市民はそのための道具に過ぎないという発想になってしまっているわけである。

根本の価値観で何を目指すのかがわれわれと真逆を向いてしまっているのが、安倍首相であり、安倍政権なのである。

国を豊かにする富国強兵を目指すのか。それとも一人一人の市民が幸せに暮らせる、そういう国を目指すのか。われわれとは目指すゴールが決定的に違っているわけである。

国家が目的、国民が手段。この発想が戦前だったわけで、戦後は国民の幸せが目的で、そのために国家は手段に過ぎないという発想に憲法は転換した。その根本的な目的・手段の関係性を、再び昔に戻したい。それが安倍首相の思いだ。繰り返すが、その根底には経済的、軍事的に強い国、大国であり続けたい願望が横たわっている。

さまざまなグローバル企業は、そんな安倍首相の思いを斟酌《しんしゅく》してというか、うまく乗れるところは乗ろうとしてきた。何かうまく利害が一致する面が出てきてしまい、今日に至ってしまっているのであろう。

国民一人一人の側には、なかなかお金はない。かたやグローバル企業は通常の場面においてはお金で多くの国の政府をコントロールしたり、政治献金で自分たちに有利な政策にするよう政府に働きかけたりする。

だが選挙の場面は、国民とグローバル企業の立場が逆転する。グローバル企業がどんなにメディアを操作しようと、政治献金をしようと選挙権はない。

あくまでも私たち一人一人に選挙権がある。しかもその選挙権は対等である。大会社の社長も一票しかない。そこで働く労働者も等しい一票を持てる。これはすごいことなのだ。私たちは、自分の一票の価値を自覚しなければならない。

選挙権を行使することは、一人一人の個人が、自分の幸せを考えて行動する最も重要な根本的な場面である。

安倍政権が示す目標数値はすべて「総量」——植草

自民党憲法改正草案は、現行憲法の「個人として尊重される」という表現を「人として尊重される」に書き換えている。国家が目的、個人は手段の発想を端的に示すものだとも言える。このことは安倍政権が示す経済政策の、目標とする数字が総じて「総量」として示されていることからもわかる。

アベノミクスが破綻したために、安倍政権は、「新三本の矢」などというものを持ち出した。「新三本の矢」の内容をみると、GDP六〇〇兆円、出生率1・8、介護離職ゼロということなのだそうだが、いずれも「矢」ではなく「的」である。そこで「これは三本の矢でなく、三本の的だ」との指摘が出てきたら、官邸のウェブサイトの表現が、「三つの的」に変わった。

拙速な政策スローガンの提示だったことがよくわかるが、いずれにせよ、安倍政権が示す目標数値は「総量」ばかりだ。

第二次安倍政権は、政権発足当初、アベノミクスの成長戦略で「一人当たり名目国民総所得を一〇年後に一五〇万円拡大する」と宣言した。安倍氏は「国民の平均年収が一五〇万円増やす」などと言っていたが、詐欺に近い。国民総所得（GNI）には海外からの利子配当の純額が含まれており、家計でなく企業の所得を含む。また一人一人の個人の所得が一五〇万円増えるのではなく、GNIが拡大したときに、そのときの人口で割った数値が一五〇万円増えるということである。

つまり、一人一人の個人の生活水準、所得水準を引き上げるという発想ではなく、全体の総量を上げることが目標で、一人当たりの数値は単なる割り算の結果にすぎない。全体の総量を増やすのが成長戦略であって、その牽引役になるのは企業である。要するに企業利益を増大させることだけに関心が注がれているのだ。

一億総中流を壊したアメリカ発祥のビジネスモデルチェンジ――植草

一九九〇年代以降の成長戦略は企業の利益成長を目指す点に特徴がある。

一九九〇年代のアメリカでBPR（ビジネスプロセス・リエンジニアリング）が急速に進展した。企業がITを全面活用してビジネスモデルを根本から書き直し、利益率を高めようとした。中国経済が台頭して進展した価格破壊。「大競争」に対応するには労働コスト圧縮が必須の課題になった企業はITを全面的に組み込んだビジネスモデルを構築してホワイトカラー労働者を断層的に削減した。

GMで年収三万五〇〇〇ドルの報酬を得ていた労働者が消滅し、コンピュータのオペレータに置き換えられた。職を失ったホワイトカラー労働者は一・五万ドルから二万ドルのサービス産業労働者に転じるほかなかった。この結果として、企業の利益率が改善して、株価も上昇した。こうしてNYダウは一九九九年に一万ドルを突破した。

このBPRの大波が一〇年遅れで日本に波及した。日本的雇用制度を代表する年功制・終身雇用が、日本の高労働コスト体質を生んでいるとされた。企業のリターンを高めるためには、労働コストを圧縮するしかないとの主張が広がり、日本においてもITの本格的な導入と、正規労働から非正規労働への急激なシフトが推進された。

二〇〇一年に小泉政権が発足して、「改革」路線が推進され、製造業にも派遣労働が解禁されるなどの急激な変化が生じ、一億総中流と呼ばれた日本の所得分配構造が一気に崩壊した。中間層が消えて、圧倒的多数の低所得者と一握りの高所得者に二極分化したのである。

追求されたのは企業利益拡大、資本のリターン増大で、この目的のために労働への分配が犠性にされたのである。

この結果、非正規労働者が四割に達し、フルタイムで働いても年収が二〇〇万円に届かないという階層が一〇〇〇万人を超える状況が生み出されることになった。

正規労働者と非正規労働者の所得は、国税庁のデータで、正規労働者の平均所得四七八万円に対して、非正規労働者は一七〇万円である。

ジニ係数と呼ばれる所得分配の不平等度を測る尺度で見ても日本は、ＯＥＣＤ諸国のなかでも格差の大きいベスト５やベスト７に入るような国に変質した。

九九％には政治的な関心を〝持たせない〟よう誘導してきた安倍政権――植草

アベノミクスの成長戦略とは、大資本の利益増大を図ることである。しかし、その利益増大は、全体のパイの拡大ではなく、労働への分配の削減によってもたらされている。国民の幸福追求は眼中にない。中間層の消滅と、圧倒的多数の新しい低所得労働者が生み出されている。

その結果として日本のＴＰＰ参加は、人の移動の自由を通じて、最低賃金制度の撤廃につながる可能性もある。最低賃金の引き上げが外国資本に不利益を与える行為だとして、〝制限〟される可能性がある。ＴＰＰを背景に外国人労働者の受け入れが拡大されていく場合、資本は最低賃金制度を邪魔だと捉えることになるだろう。「市場原理」の名の下に日本の労働者の賃金切り下げがさらに推進される可能性がある。その結果、より深刻に格差の問題が広がっていくのではないか。

資本の論理とは弱肉強食の論理そのものである。弱肉強食は弱き者の存在すら許さない冷酷さをもつ。これが資本主義であるとすれば、資本主義は民主主義と本質的に相いれないものである。

民主主義は、伊藤さんが言われるように「一人一票」だから、一%の富裕層が一票なら、九九%の一般大衆は九九票。民主主義が機能するなら一%の主張は通らず、九九%の主張が通るはず。一%の論理である資本主義の論理は否定されることになるはずだ。

一%の大資本が、民主主義の仕組みのなかで、この資本の論理を押し通すには「トリック」が必要だ。偽装を施し、人々に幻想を抱かせる。この「トリック&イリュージョン」によって人々をだまくらかしてしまうのだ。

選挙さえ乗り越えてしまえば、資本の論理が維持される。だから安倍政権は、選挙の直前になると九九%側の人に突然一人三万円を渡すような下品な施策を打つ。補正予算を組んで末端の人々に、一回限りのお恵み資金をばらまいて、選挙をくぐり抜けようとする。

同時に九九%の人に対して、できるだけ政治的関心を〝持たせない〟ように誘導する。選挙に行かせない作戦だ。さらに選挙の日程を選ぶときには、できるだけ投票率が下がりそうな日を選ぶ。これが安倍政権の常套手段である。

これに全面協力するのがマスメディアである。「米・官・業・政・電」の利権複合体のなかで、情報操作を担うのが「電」である。電波をフル活用して、選挙のときには人々の関心を政治からそらす。著名人の麻薬事件が提供される。あるいは突然、ＰＭ２・５のニュースが、連日連夜報道されたりする。

日本を支配しているのは、本当は一握りの勢力である「米・官・業・政・電」の利権複合体だが、その支配構造を打破する具体的な提案が二〇〇九年の鳩山政権誕生時に提示された。辺野古に基地をつくれというアメリカの命令に異を唱えた。官僚支配打破するために、天下りの全面禁止の公約が掲げられた。そして大資本による政治支配を壊すために企業団体献金の全面禁止が公約として示された。

企業献金の問題はこれまでの文脈からしても極めて重大だ。一対九九で九九が勝てるはずなのに、一のところに筋力増強剤が注入されて五〇になったり一〇〇になったり三〇〇になってしまうからだ。日本国憲法第一五条の参政権を条文に沿って正しく解釈し、企業献金を全面禁止するべきであろう。

このような、是正するべき重要問題はあるが、かたちの上では一人一票の制度はあり、一人一人の個人が、十分な情報を得て、現実を冷静に見極めて、参政権を放棄せずに投票を行えば、必ず現実を変えられるはずだ。

一％の側は九九％の人々を買収し、誤導し、無関心化さえることによって一％による九九％支配を維持し続けようとしている。二〇〇九年の成功は瞬時に破壊され、大逆転の六年が過ぎてしまった。

民主党政権時よりも経済全体を悪化させているアベノミクス――植草

二〇一二年一二月に第二次安倍政権が発足して、三年半の時が流れた。政権長期化の背景は、二〇一三年七月の参院選で、衆参のねじれ現象が解消した。

政権長期化の原動力は二〇一二年末以降の円安と株高である。ドル円レートが二〇一二年の一ドル＝七八円から二〇一三年五月に一〇三円に、二〇一五年六月に一二五円になった。連動して八六〇〇円の日経平均株価が二〇一三年五月に一万五六〇〇円になり、二〇一五年六月に二万八〇〇〇円になった。この円安と株高で、アベノミクス成功のイメージが喧伝されて、政権が支えられてきた。

しかし日本経済全体は安倍政権下で大幅に悪化した。二〇一二年10‐12月期から二〇一六年の1‐3月期までの期間の、実質GDP年率成長率の平均値は〇・七%でしかない。

民主党政権下の二〇〇九年10‐12月期から二〇一二年7‐9月期までの実質GDP年率成長率平均値は二・〇%だった。東日本大震災があったのに、成長率ははるかに高かった。

経済全体のパフォーマンスは、圧倒的に悪化したのである。経済成長率だけでなく家計所得も落ちた。二〇一二年から二〇一五年まで、個人の実質所得は減り続けた。つまり、唯一、株価だけが上がったのである。

日本経済成長率の推移

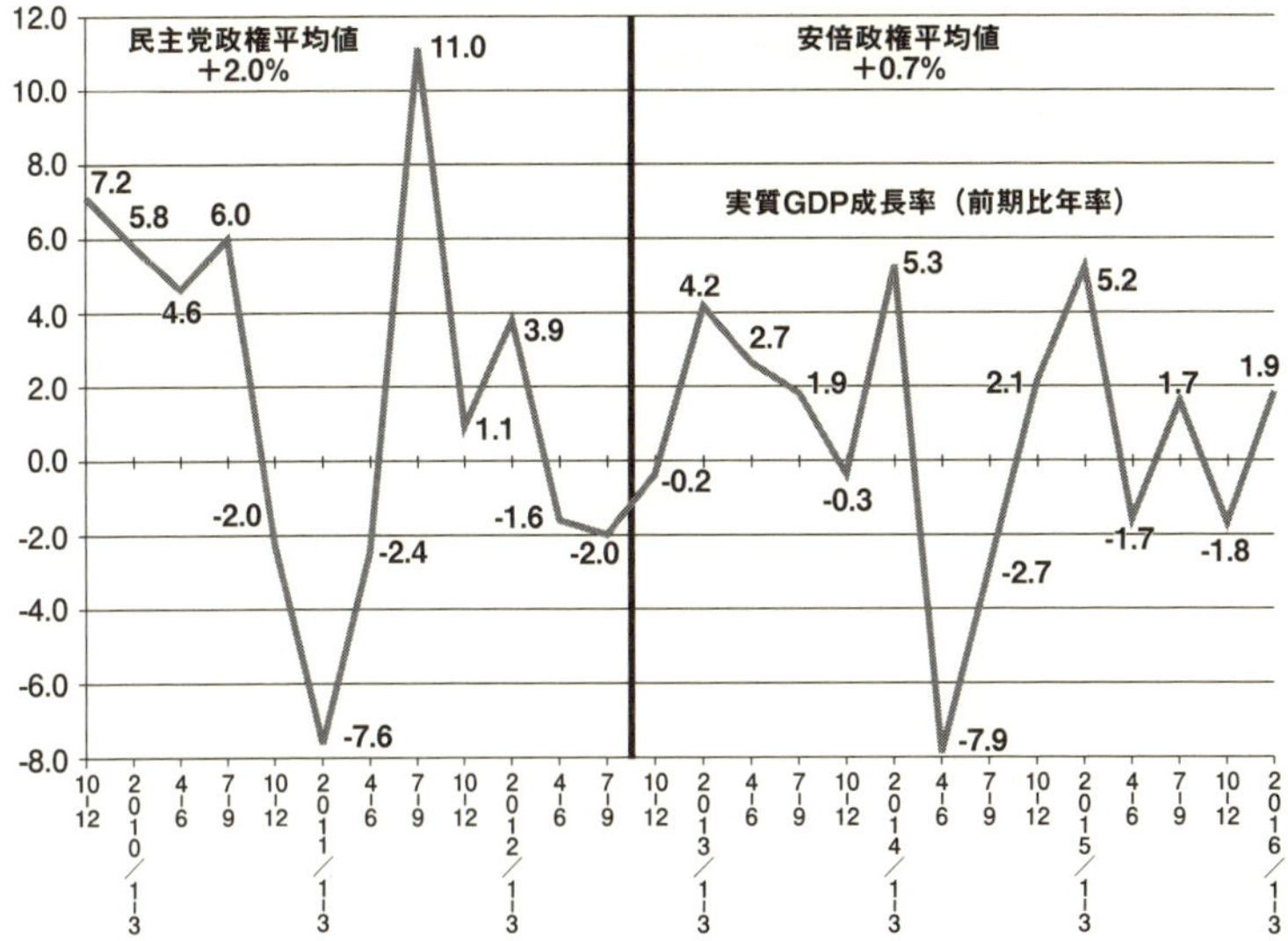

確かに東証第一部上場企業の企業収益は史上最高を更新した。とりわけ輸出製造業の収益は円安を背景に激増した。

しかし東証第一部上場企業の数は一九〇〇社あまり。日本の法人数全体約四〇〇万社の〇・〇五%にも満たない。

株価が上がったのでアベノミクス成功と勘違いしている人が多いが、良くなったのは日本経済の一%未満。九九%は悪化したというのが実は正しい判断だ。

利権複合体の広報部隊であるマスメディアがアベノミクス成功というウソを撒き散らしてきただけなのだ。

一億総活躍社会どころか、実態は一億総棄民社会——植草

アベノミクスの第一の矢は金融緩和・イ

アベノミクスの内容と結果

第一の矢＝金融緩和＝インフレ　**失敗**

- インフレ誘導には失敗　2016/4　CPI 上昇率 -0.3%
- インフレ率上昇期には実質賃金マイナス
- インフレ率がゼロに低下して実質賃金がプラスに転換

第二の矢＝財政出動　**＝アベコベノミクス！＝失敗！**

- 2012 年に 12 月の政権発足時は積極財政提示
- 2014 年度は消費税大増税で日本経済を撃墜
- 2015 年度以降も緊縮財政を継続

第三の矢＝成長戦略　**長期では不均衡と経済崩壊を招く**

- 企業の利益成長を最優先する政策＝労働分配率は低下
- 農業・医療・解雇の自由化、法人税減税、経済特区創設
- 短期では企業利益拡大だが、長期では経済の弱体化を招く

ンフレ誘導だとされたが、インフレ誘導は百害あって一利なしだ。

二〇一四年にかけて、一時的にインフレ率が小幅上昇したが、これが実質所得減少の主因になった。名目賃金が増えていないから、実質所得の増減はインフレ率によって決まる。デフレの時代には、名目賃金は増えないが、物価下落分だけ、実質賃金が増える。アベノミクスのインフレ誘導は、実質所得を減らす効果を発揮した。

四月のNHK日曜討論で自民党の小野寺五典さんが、「個人の実質所得が減った」との野党出席者の批判に対して「個人の実質所得は足元で増えている」と反論した。これは、アベノミクスのインフレ誘導が失敗に終わり、インフレ率がゼロに回帰したために実質所得が二〇一六年に入って小幅

アベノミクスの失敗と実質賃金伸び率

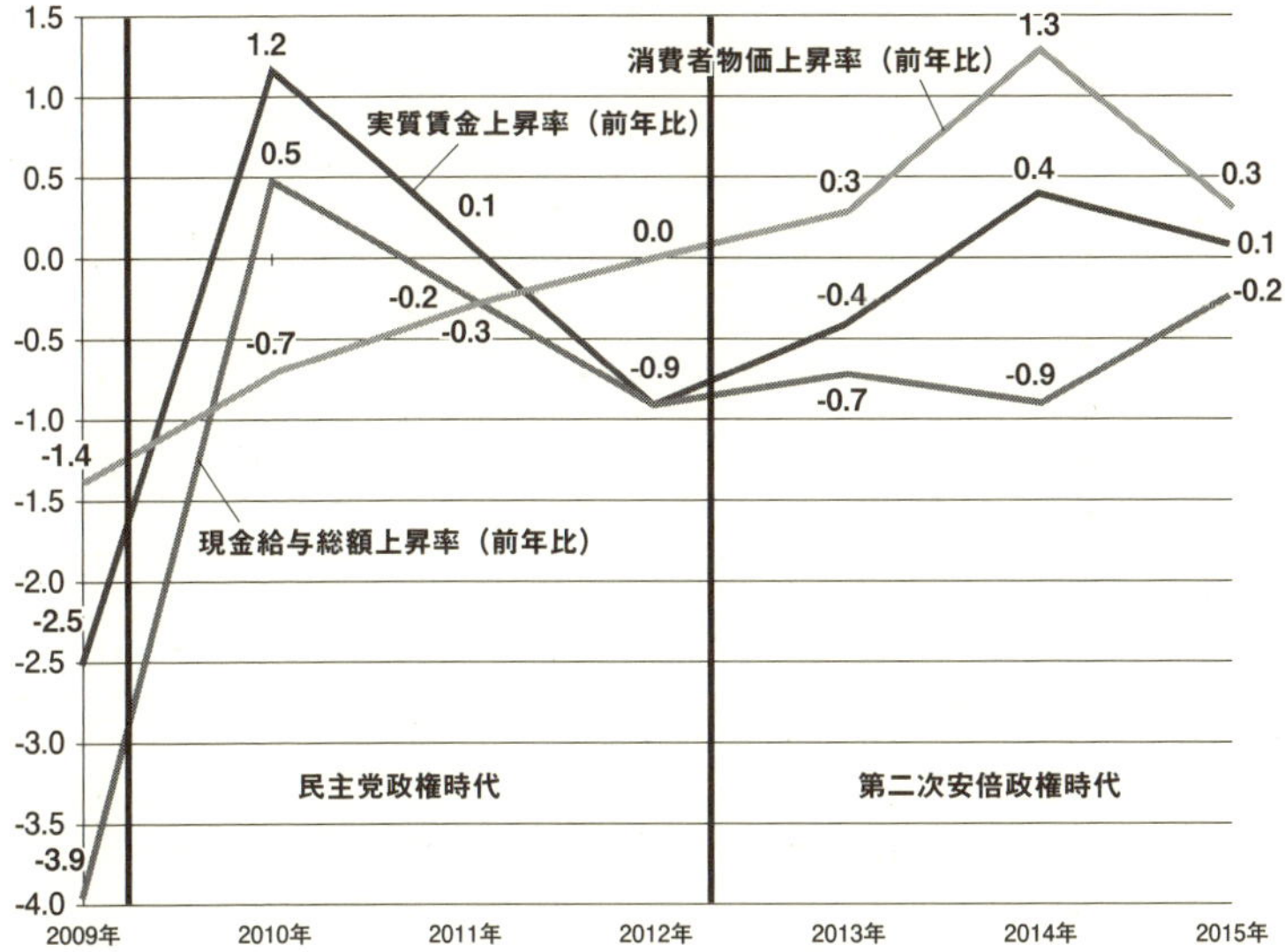

プラスに転じたことを指すものだ。

安倍政権が自慢できるような話ではなく、アベノミクス第一の矢であるインフレ誘導が失敗したことによる副産物なのである。

また、安倍政権は失業率低下と有効求人倍率上昇をアベノミクスの成果だと主張するが、これも間違いだ。経済全体が悪化したのに、生産の果実を分け合う人数が増えたわけで、一人当たりの分け前が大幅に減ってしまったからである。

「一億総活躍社会」の実態は暗黒だ。介護離職ゼロと出生率引き上げの目標は、GDPを拡大させるために生産活動に駆り出す頭数を増やすという話だ。「産めよ増やせよ」、「介護で仕事を休むな」、「女も全員働け」というのが本音なのだ。ただしそのすべてが低賃金労働である。これは「一億総活躍」ではなく、「一億総低賃金強制労働」＝「一億総動員」である。

そして、安倍政権が総動員するのは、生産年齢の国民だけ。生産年齢の国民は老いも若きも男も女も全員働け。そして、産めよ、増やせよと言っている。

その対象は生産年齢の国民だけである。生産年齢を超えた人への公的保険医療は、これから混合診療全面解禁で手薄にされる。自己負担で高い保険料を払えない高齢者には、できるだけ早くにあの世に逝ってもらう。こんな本音が聞こえてくる。これは「一億総棄民政策」で、これが「一億総活躍政策」＝アベノミクスの実相である。

マスメディアはこの三年半、「株が上がった、円安になった」ことだけを捉えて、「アベノミクスは成功。失業率は下がった、有効求人倍率が上がった」と言い続けてきたが、経済全体をまるで捉えていない。

一人一人の個人にとって大事なのは、自分の所得が増えるのかどうか。自分の雇用が安定しているかどうかだ。だが現実には労働の安定性は失われ、所得も減り、老後の保障も切り刻まれている。これがアベノミクスの〝正体〟である。

弱肉強食の「弱」が成立しなくなっている日本――伊藤

アベノミクスは国家全体のＧＤＰを増やし、国が豊かになることを目指すのであって、一人一人の国民が豊かで安定した生活を目指すものではまったくないことが、経済の面からも如実に現れているのがよくわかった。

九〇年代あたりから、だんだんと日本の終身雇用や年功型の賃金体制、業界別の組合など、日本の成長を支えてきた日本型の経営をどんどんぶち壊して、アメリカ型のものをどんどん取り入れようとしてきた。

それで企業の側は利益を上げて、内部留保をしこたま増やしながらも、労働者の賃金は一向《いっこう》に上がっていかない。

植草さんから「弱肉強食」の話が出たけれど、いまはもう弱肉の「肉」がないのではないか。国内で弱肉強食で食べてやろうとする弱い人たちが、もう食べられる状態でなくなった。九九％の人たちが一でも二でも食べられるものを抱えていて、エサになればまだ別だけれども、国内に食べられるものがなくなってしまった。そうすると弱肉強食という仕組み自体も、もはや労働者が消費しなくなったため、国内における弱肉強食ができなくなってしまった。

そうなると、当然海外に出ざるを得ないわけだから、日本の大企業は海外に生産拠点を移した。結局、弱肉強食で、日本の全体のパイを増やすこと自体も失敗してしまった。

解雇の自由が真っ先に実現する経済特区――植草

弱肉強食の「弱」が減少することは「強」の「食」が減少することを意味する。グローバリズムとは「弱」を食い尽くす経済侵略の永続・持続運動である。ある地域で弱肉強食をやり尽くしたら、新たな「弱」を「食」べ尽くすために別の地域に侵略の手を広げる。現代版の帝国主義と言えるのではないか。

グローバリズムの主体はアメリカをも支配する多国籍企業、強欲巨大資本であり、これを肯定しているのが安倍政権の体制だ。アメリカを食い尽くした強欲資本は収奪の対象を外に求める。そのために、アメリカ流の経済システムを他国に強制することが必要になる。

日本に対する「経済侵略」の戦略の歴史は長い、各種の貿易摩擦、日米構造協議（ＳＩＩ）、「年次改革要望書」を経てきた。そして、その究極の最終兵器がＴＰＰである。これに日本を組み込んでしまえば、日本改変を強制できる。

日本は、かつて「一億総中流」社会とも言われた。ぶ厚い中間層が存在したが、相当部分が壊された。残っている中間層を破壊するために「解雇の自由化」が準備されている。

アベノミクスの成長戦略を私は五つの柱で理解している。五つの柱は農業の自由化、医療の自由化、解雇の自由化、法人税減税、そして経済特区の創設・拡大だ。これがＴＰＰと表裏一体をなしている。

労働規制が急激に緩和されており、非正規労働者の比率が急上昇した。さらに、金を払えば自由に解雇できる制度の導入も目論まれている。

「経済特区」は現行法体系の下で、なし崩しに制度改変を強行することを認める仕組みである。農業自由化、医療自由化、外国人労働力導入などがなし崩しで進行している。

企業が邪魔だと感じているのが高賃金の高齢正規労働者だ。この人々の労働コストを切り捨てるために解雇の自由化や、ホワイトカラー・エグゼンプションという名の残業代ゼロ制度などが導入されようとしている。弱肉強食化はどんどん広がり、最終的には収奪する先がなくなってそこで終わる。これが資本主義の終焉であると理解できる。

「強」が「弱」を食い尽くす日は近い。しかし、「資本栄えて民亡ぶ」の先には「民亡びて資本も亡ぶ」ことが待ち構えていることを忘れてはならない。

第6章

亡国の道をひた走る安倍政権

法人税減税を否定していた政府税調――植草

成長戦略のもう一つの柱が、法人税減税である。いまから二五年前の一九九〇年頃には、所得税が二七兆円あって、これが最大の税目だった。法人税が一九兆円、それに対して消費税は三兆円(導入初年度の八九年度)しかなかった。

これが二〇一五年度の当初予算では、所得税一六兆円、法人税一一兆円、消費税一七兆円に変貌した。所得税と法人税が半分になり、消費税だけが六倍になった。

所得税と消費税には大きな違いがある。所得税の場合、夫婦、子二人で子が大学生、親一人が専業主婦(夫)の場合、年収三二五万円までが無税である。課税最低限と呼ばれているもので、さまざまな所得控除で三二五万円の年収の人は税額がゼロになる。一方、所得が多い人の最高税率は、地方税を含めて五五%だ。

これに対して消費税では、所得がゼロの人も消費金額の八%が税金として徴収される。一〇〇億円の所得がある者と、所得ゼロの者の税率が同一なのだ。所得の少ない人は所得のすべてを消費に充てるが、所得の多い人は所得の一部しか消費に充当しない。所得に占める消費税額の比率は低所得者のほうが高くなる。究極の逆進性と言っていいだろう。

日本の税収構造がここまで激変したことを知らない人が大半だと思うが、もはや同じ国の同じ制度下の税収構造とは思えないほどだ。

税収構造の大逆転

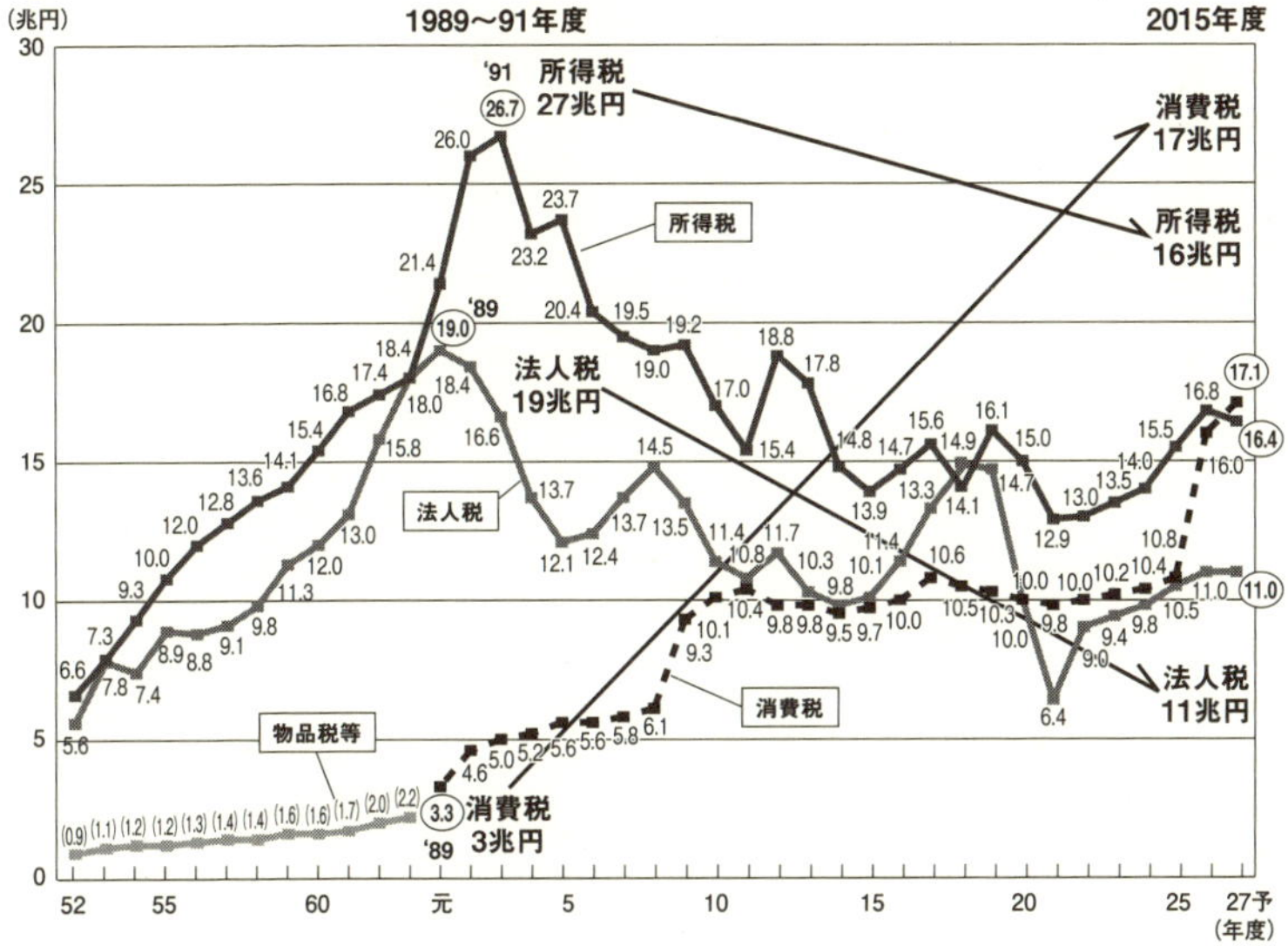

法人税について極めて重要な文書がある。二〇〇七年の政府税制調査会による報告書で、「抜本的な税制改革に向けての基本的考え方」というタイトルがついている。日本の法人税減税が必要なのかどうかを論じている。政府税調は法人の税および社会保険料負担の国際比較を行った。

その結論として、日本の法人負担が課税ベースや社会保険料負担を勘案すると、国際比較上、高いとは言えないというものだった。調査結果を示す国際比較グラフは現在も財務省のウェブサイトに掲載されている。

日本の法人の負担は英米並みだが、ドイツ、フランスよりはかなり低い。ドイツ、フランスでは、企業の社会保険料負担が非常に大きいからだ。

政府税調は同報告書を論拠に、今後の法人税減税の必要性を否定したと言ってよい。

「日本政府の財政が危機的状況にある」は財務省がつくった「ウソ」——植草

ところが現実には、日本の法人実効税率が二〇一二年度からどんどん引き下げられた。二〇一一年度に三九・五四%だった法人実効税率は二〇一六年度に二九・九七%に引き下げられた。政府税調が「法人税減税は必要なし。国際比較上、高くない」と結論したにもかかわらず、日本政府は法人税減税を猛烈に推進してきた。

その一方で消費税大増税に突き進んだ。消費税増税に対して本来は、個人が反対するだけでなく、企業も反対する。個人も企業も反対すれば、消費税増税を実現できない。そこで財務省は大企業を味方に引き入れることにしたのだ。そのために必要のない法人税減税が熱烈推進されている。

注意が必要なのは二〇一六年度税制改定で減税になるのは大企業だけであり、中小零細企業は増税になることだ。外形標準課税強化で大半の中小零細企業の税負担が重くなるのだ。大企業を味方に引き入れることは、イコール経団連を味方につけることだ。マスメディアは経団連企業・外資企業からのスポンサー収入で経営を賄っている。マスメディアの主張を消費税増税賛成に誘導するために大企業減税が推進されている。

現行の消費税率八%が一〇%に引き上げられると消費税収は二〇兆円を超える。一方、法人

法人税については減税に次ぐ減税を実施

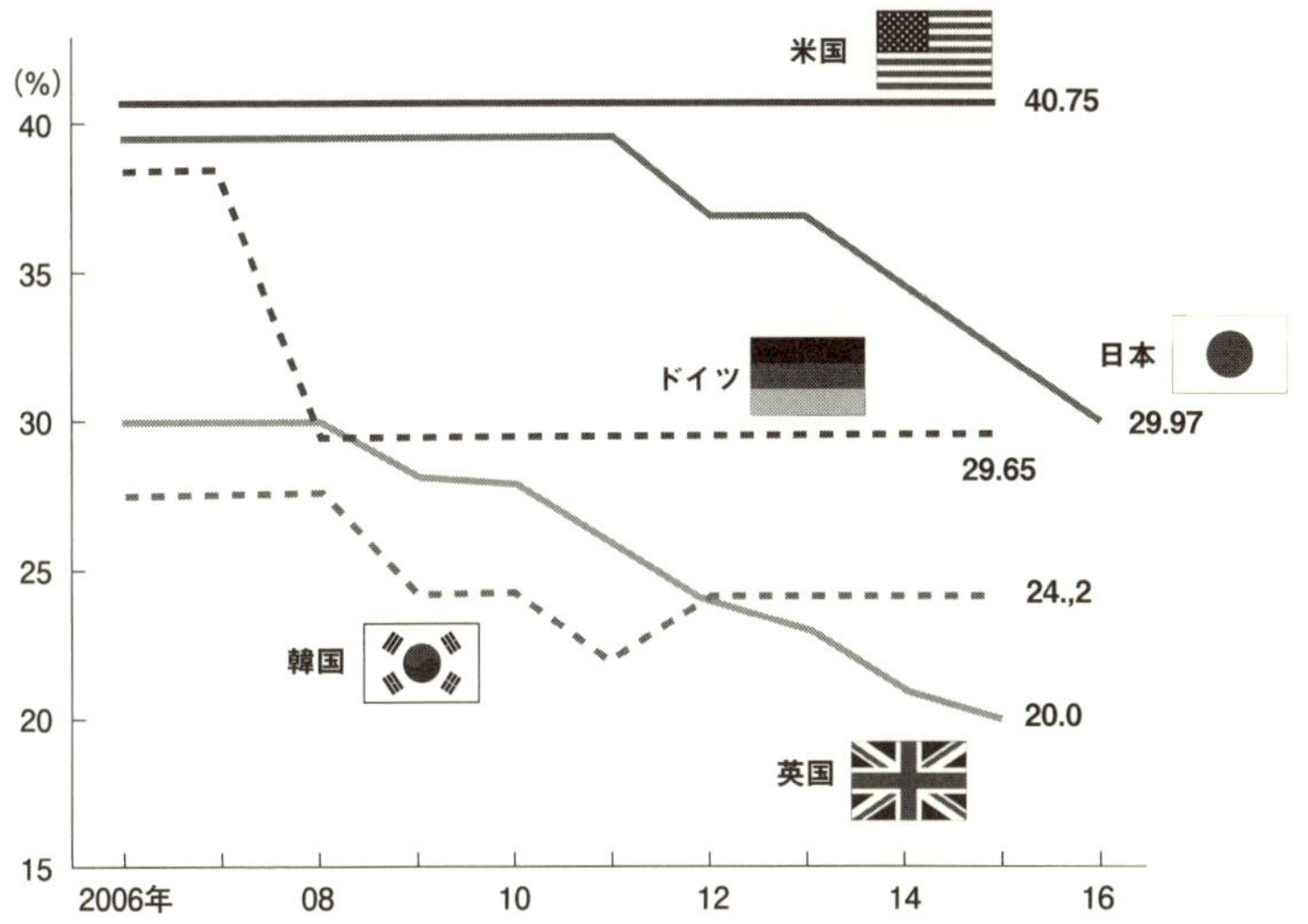

（注）財務省とKPMGインターナショナルの資料をもとに作成

税は減税が続く。

日本の場合、軽減税率や、生活必需品非課税などの制度もなく、低所得者支援もないに等しいので、まさに「弱い者は死ね」という制度である。安倍政権の弱肉強食推進＝弱者切り捨ては本当に恐ろしい。

増税に突き進む財務省の論拠は、「日本の国家財政が破綻の危機に瀕している」という都市伝説である。

日本の政府債務は一二〇〇兆円を超えている。政府債務GDP比は二四〇％を超えており、あのギリシャより悪い。ギリシャの政府債務GDP比は一八〇％なので、いつ日本がギリシャのようになるかわからない。多くの国民が、この風説に踊らされて消費税増税を受け容れてしまっている。

しかし、財務省が決して口外しない、も

日本政府の純債務はほぼゼロ

一般政府貸借対照表　(2014年12月末、国民経済計算)

非金融資産	601.2	兆円
固定資産	482.5	
土地	116.7	
金融資産	598.2	
現金・預金	93.9	
株式・出資金	160.3	
その他	344.0	
期末資産	1199.3	
負債	1212.9	
借入金	163.8	
株式以外の証券	994.4	
その他	54.7	
正味資産	-13.5	

う一つの重要データがある。日本政府の資産残高だ。国民経済計算統計のストック統計に一般政府のバランスシートが記載されている。

これを見ると、二〇一四年末の負債が一二一二兆円、資産が一一九九兆円と記されている。純債務残高は一三・五兆円、GDP比はわずか二・七%だ。借金は多額だがほぼ同額の資産を保有している。

国の借金である国債には赤字国債と建設国債という区分がある。建設国債とは建造物などをつくる際に調達する資金で、住宅ローンのようなものである。住宅ローンの場合、借金があっても家があるから不健全な借金とは見なされない。地方政府の借金である地方債も建設国債と同じ性格で不健全と言い難い。

問題になるのは赤字国債だが、赤字国債残高のGDP比は約九〇%で、アメリカやイギリス並みだ。ドイツ、フランスはもう少し低い。

こうしたデータを調べると、日本の「財政危機説」は、財務省が創作している「風説」にすぎないことがわかる。財務省は庶民から血税を巻き上げるために国民をだましている。「悪政」とはこのことを言う。庶民の生存権を侵害する一方で大企業にだけ巨大減税を献上している「癒着の構造」がくっきりと浮かび上がる。このなかで大企業には二〇〇兆円、三〇〇兆円といった膨大な内部留保が積み上がっている。

人権・福祉の分野にまで効率性、競争を求めるのは誤りである――伊藤

生活保護の受給者の増減の推移をみると、制度がはじまった当初の一九五〇年あたりでは約二〇〇万人が受給していた。その後、受給者はどんどん減っていき、一九九五年で八八万人にまで減った。そこがボトムとなって、今度はV字で上がってきて、現在では約二一七万人になっている。

九〇年代半ば以降、急速に増えたということは、とりもなおさず新自由主義的なものが入ってきて、非正規雇用が急激に増えて、労働雇用の仕方がまるで変わってきたときと符牒《ふちょう》が合う。日本型の働き方がどんどん壊された結果、生活保護受給者が急激に増えてしまったわけである。

そしてもう一つ、九〇年代後半から自殺者の三万人越えが一四年間続いた。警察の統計を見ると、圧倒的に多いのは中年男性が経済苦を理由にしたものであり、政権で言えば、小泉政権

の誕生あたりからである。

「自殺対策法」ができたことから、最近はちょっと減ってはきたものの、それでも毎日六〇人から七〇人の人たちが自ら命を断っているのがこの国の状況になってしまっている。弱い者は死ね、が現実になっているのだ。

しかも生活保護に関しても、金額にして全体の〇・四〜〇・五％の不正受給などを槍玉に上げて、政府は全体を圧縮しているわけで、これでは母子世帯など本当に大変な状況に陥っている人たちはさらに追い込まれていく状況にある。

憲法には、もともと経済的な効率性や競争などでは計れない価値がある。それが人権や福祉だと私は考えている。教育、医療、福祉、それから私は農業もそれに入るだろうと思うのだが、そうした経済的な効率性や競争に馴染まない分野がまだいくつかあることを、われわれは再認識する必要がある。その典型は人権、福祉だ。

たとえば、車椅子の人たちのために駅にエレベーターを設けたり、建物にスロープをつけたりする。これなどは効率性からすれば、ほとんど割が合わないけれど、少数の人たちのために、やっぱりそれは手厚く対応していくべきと考えて、福祉は存在している。

だがこのところの日本は、特に命や生存にかかわる人権福祉の分野まで効率性、競争の土俵に乗せてしまっている。弱肉強食に代表される、競争がより発展につながるという発想を日本は、アメリカからせっせと〝輸入〟して、具現化してきたからだ。

市場解放という名の下で、もともと立ち入れなかった禁断の領域に企業がどんどん入っていく。特区のようなかたちでまずは扉をこじ開けていって、日本の企業だけでなくグローバル企業がそこに参加していけるようにしているのが現状である。

そのような展開は憲法の価値からすると、まったく認められないと思う。本来は一人一人の幸せを目指していたはずなのに、人権福祉にまで競争原理を導入し、一人一人の幸せよりも国家を豊かにする方向に進んでいるのだから、ひどいものである。

納税者意識を希薄化させる源泉徴収制度――伊藤

その現れが税制だと思う。消費税などは究極の逆進税である。この誤った税制についても、憲法一四条の「法の下の平等」にある応能負担、能力に応じての負担が、基本の発想といえる。それは形式的に平等ではなく、やはり「担税能力」のある人から負担してもらうのが本来のかたちであろう。皆それぞれ担税能力が違うわけだから、その違いに着目して扱う。それが個人の〝尊重〟というものだ。

誰も皆同じに消費税を払うのではなく、やはり累進課税が可能な所得税のようなかたちで、担税能力に応じて負担していくべきである。それが憲法一四条の平等の発想であるし、そうでなければ人間として生存がかなわなくなってしまうからに他ならない。

それをまったく逆転させてしまう逆進法で、むしろ食事は皆平等に何%なのだからいいだろうとするのは、課税を課す側からは皆平等にしているかもしれないけれど、課税される側の負担感はまるで違うわけである。

日本では源泉徴収というまさに戦費調達のためにはじまった制度が、戦後、戦費調達の必要がなくなったにもかかわらず、未だに財務省により続けられているわけである。

国民の側にすれば消費税もそうだが、これはとりもなおさず、自分が納税者であることの意識を阻害するというか、失わせるような税制に他ならない。よくサラリーマンは、給料は手取りいくらみたいなかたちで話すことが多いけれど、これは自分たちが納税している感覚を知らないうちに消失しているからだろう。

そして消費税についても、外税にして明確に表示すれば別だが、自分がその税金を負担しているのを忘れがちな、税込みでいくらみたいな発想を、つい持ってしまう。納税者意識を希薄化させるそういう税制を、この国はどんどん推し進めてきた。

源泉徴収の話に戻すと、源泉徴収による納税者意識の希薄化は、自分が主権者であり、この国をどうコントロールしていくのかという主権者意識の希薄化と連動するものだと思う。

自分の払った税金が何に使われるのか。自分のお金だということを強く意識すれば、ムダなことには使われたくない。たとえば弱い人を助けるために使うのには全然問題ないけれども、ミサイルを買うためには使って欲しくないという納税者はいるわけである。それには国の税金の使い方のところまで意識すべきであり、これが主権者意識を養うことにつながっていく。

グローバル企業が目指す国家機能の喪失――伊藤

国家財政とは歳入と歳出から成り立っている。その歳入の部分について意識が希薄化するということは、イコール歳出についても希薄化することを意味する。

この国の国家運営を私たちが支えている。国家の担い手、国家運営の主人公である自分たちが納税して支えている。だからこの国家の運営には、きちんと口を出すのだという意識が希薄化していくことに他ならない。

民主党政権時にいわゆる「仕分け」でお金の使い方を、少し意識するような機会があったけれども、あれも知らないうちにうやむやになってしまった。国会でも決算委員会があるにはあるが、事実上ほとんど機能していない状態だ。

国家の歳出についても私たちは、もっと意識しなければならない。たとえばアメリカ軍が今後二〇〇年も使うような辺野古の新基地は日本人の税金で建設されるわけで、それに対して歳出意識を持つのはすなわち主権者意識を持つことであり、この国の主権者は国民であることを意識することに通底するわけである。

企業の側の法人税「減税」の裏返しに、消費税「増税」はまったくおかしいと私は思う。植草さんから、日本の財政危機みたいなデマをでっちあげながら、国民を騙す財務省の話があった。選挙の際には国民をイリュージョンで騙しながら、政治的な問題に対しては意思決定させないよう、そして選挙に行かないようにさせる現政権。そしてそれをメディアが後押しするという残念な状況。

だからこそ一人一人の国民が、自分の払ったお金が、どこにどう使われているのかも含めながら、お金の流れの面から、経済の面から、この国の運命について意識をするのはものすごく重要なことだと心底思う。

憲法論的に見て、先に本当は競争に乗せるべきではない領域があると論じた。それを安倍政権は「聖域はない」といった言葉を使いながら、すべてを競争に乗せることがよいのだと言い切ってしまっている。

だが競争とは結局、自分が勝つことを目指す、自己の利益を上げることを目指す、利己的な行動でしかない。経済だけではないが、競争社会は極めて利己的なものだ。けれども、人間は、自分一人では絶対に生きられない。

社会は自己と他者から成り立っている。自己以外はすべて他者で成り立つわけである。だから、自己の利益を極大化しようと活動するならば、当然、他者が害される。最終的には他者に支えられて生きている自己も存立し得なくなる。利己的な行動や活動は、最後は自分を滅ぼすことにつながる。

欲望や利己的な感情は一つのエネルギーになるので、経済活動を前に推し進める原動力にはなってきた。またそれが資本主義経済を活性化させ、全体のパイを増やし、産業革命等々、新たな技術革新を含めて、人類を豊かにする方向に働いてきた事実は確かにあるのだろう。だが、それを究極に突き進めてしまうと、結局、自己保存すらかなわなくなってしまう。したがって、そこを利己的な個人に任せずに、所得再分配の機能等を通じながら、いわば〝利他的〟なかたちで調整をし直すのが、国家の役割であり、それが政治の役割のはずである。

その利他的な行動、それがまさに「福祉」なのであり、国家としての存続の上でも、極めて重要なのだ。

ところが本来は個人の利己的な活動を若干規制して、利他的なかたちでその調整をし直すのが国家や政治の役割であるにもかかわらず、その国家がまさに利己的な欲望を推進するような方向での政策、政治しかしないならば、それはもう〝亡国〟の道まっしぐらなわけである。

どう考えてもそうなるはずだ。また、そうなってしまったら、国家は要らなくなる。そうやって国家の主権を崩壊させていく。国家の機能を失わせてしまおうとしているのが、グローバル企業が目指しているところである。

そしてそのグローバル企業の走狗となって、本来の国家が行うべき所得の再分配機能、福祉の充実、競争には乗らないさまざまな分野の保護、そうしたものを一切壊してしまって、競争、利己的な欲望一辺倒に突き進んでいるのが、現在のこの国の、そして安倍政権の〝実相〟と言えよう。

国家の本来なすべき役割をまるで国家自ら放棄してしまっている状況が、国民にどういう結果をもたらすのかを、私たちは認識しなければならない。そのためにはしっかりと事実を知り、情報を得て、選挙の場面では社長も市民も労働者も一票、そして企業には一票がないことを認識して、投票行動に出なければならない。

表裏一体を成す自由主義的な思想とグローバリズム――植草

近代経済学の出発点は、アダム・スミスに代表される古典派の市場原理探求からスタートしている。基本的「人権」の世界で最初に重視されたのは「自由権」である。「一八世紀的基本権」とも言われる。その後「参政権」が加わり、二〇世紀になって「生存権」が重視されるようになった。

背景に、市場原理にすべて委ねるという自由主義に基づく経済運営が、弱肉強食の際限のない進展をもたらし、弱者の生存を脅かす状況が生まれてきたことがある。

動物の世界における弱肉強食は、「自然の摂理」にコントロールされた弱肉強食だから、「強」が〝必要以上〟に「弱」を食することがない。

人間が『エデンの園』を脱け出して、禁断の木の実を食べたというのは、自然の摂理を超える、無限の欲望を持ったということを意味しているのだと思う。

この、際限のない欲望が自然の摂理を破壊する。その結果、弱肉強食は際限を失う。

この「際限無き欲望」、「際限無き弱肉強食」が「グローバリズム」の名を冠して猖獗《しょうけつ》を極めている。このグローバリズムが人類を破滅に追い込むことすら考えられる。地球全体の資源量が限られているとすれば、特定の人が取りすぎれば、残りの人の量が減る。残りの人がそれを分けたときに、生存に必要な量を下回ってしまうことも生じる。

これがエデンの園から禁断の領域に足を踏み入れた人間の宿命なのかもしれないが、人類の叡智で破壊を回避できる道があるなら模索するべきだと思う。

それが伊藤さんが言った国家の役割であり、いま一番求められることは「所得再分配の重視」ではないか。

国家の活動の中心は二つあると思う。法を定めてそれを運用することが一つ。もう一つは財政活動だ。財政活動の根拠も法律だから、根源には法の整備が置かれるが、実際の国家活動の中核は財政活動だ。国家の活動は国民からお金を集めてそれを政府が支出することによって実現される。だから、国会審議で予算審議が最重要になる。その予算審議で財源の調達と支出の内容が決定される。

二〇世紀になって生存権が重視され日本国憲法にも健康で、文化的な、最低限度の生活を営む権利が保障されることが明記された。政府の役割が大きく変化したのである。

この「二〇世紀的」な流れが一九八〇年代頃から大きな揺り戻しに遭遇した。レーガン、中曽根、サッチャーが登場し、再度、自由主義的な思潮が広がり、現在のグローバリズムの台頭につながっている。しかし、その潮流が限界に到達し、大きな再転換点に差し掛かりはじめている。

グローバリズムの最大の敵は本当の民主主義の遂行――植草

際限のない弱肉強食追求がもたらす弊害に、世界各地の人々が気づきはじめている。アメリカでのオキュパイ・ウォールストリート、九九％運動の広がり、トマ・ピケティの登場で、スティグリッツなどの学者が脚光を浴びる状況が生まれている。

日本では二〇〇八年末の年越し派遣村の現実が人々を覚醒させた。アメリカ発のサブプライム金融危機に伴う深刻な不況が日本を襲い、派遣労働者の一斉失業の事態が広がった。人々はようやく小泉・竹中経済政策の誤りに気づくことになった。この覚醒が鳩山政権誕生の原動力になった。

グローバリズムを推進している強欲資本の側からみれば、人々の覚醒は致命的である。事態を再逆転させるために、文字通り目的のためには手段を選ばない対応で暴走を続けてきた。

しかし、九九対一の構造が存在し、九九の側が民主主義の仕組みを最大に活用するなら現実は必ず変えられる。課題はその実現を妨げている要因を除去することだ。

グローバリズムを主導する強欲資本は、民主主義が正当に機能しないように正当な選挙を妨害しようとする。買収、情報操作、洗脳を繰り返す。そして、もう一つの重要手段が「分断」である。

ごく一部の生活保護の不正受給をクローズアップして、社会保障制度への敵意をあおる。公務員の高待遇を叩いて、民営化、社会保障簡素化を善に仕立て上げる。このことによって新自由主義の政策で害悪を受けている人々を、新自由主義の政策への賛同者にしてしまうのである。こうした誤導によって九九％の側の人々が一％側の政策賛同者に転向させせられてしまう。

ほんの一握りの勢力が富と所得を独占していることが問題で、九九％の人々が連帯することが大事なのに、九九％の人々の内輪での対立が誘導され、多くの人々が一％側の主張の賛同者にさせられてしまっている。

そして、人々の意識の覚醒を妨げている大きな要因の一つが伊藤さんが指摘されている源泉徴収という仕組みだと思う。人々がいったん得た所得の一部を、申告制度に基づき自分で計算して納税するというプロセスがあれば、タックスペイヤーとして、政府の税収の使い方に鋭い目を向けることになる。

そうなれば、国会予算審議を注視する姿勢が強まり、人々主権者である国民の生活を豊かにする、個人の生活を幸福にする政治を行う勢力を支持するが、そうでない勢力を支持しないという行動が強まり、選挙を棄権して参政権を放棄する主権者は激減するだろう。

源泉徴収制度を廃止し、主権者全員に申告納税を義務づける。国民の覚醒、主権者としての自覚を促す上でこれが極めて有効だと思う。

経済政策運営に関わる学者はほぼ一〇〇％御用学者――植草

日本にも宇沢弘文先生のような、人として信頼できる経済学者がいた。ジョセフ・スティグリッツ教授が、二〇一六年三月に安倍政権が開催した「国際金融経済分析会合」に出席した。これは宇沢さんの一周忌に合わせての来日日程を知った安倍政権が割り込んで会議出席を懇願して実現したものだ。

宇沢さんの一周忌を記念する追悼会で、スティグリッツ氏は、「宇沢さんは経済学者のなかで、公正と平和と環境に極めて強い意識を持った経済学者だった」と挨拶したが、これはスティグリッツ氏を表現する特性でもある。宇沢さんがとりわけ重視したのは、分配の公正だった。

いまの日本では、経済政策運営に関わる学者のほとんどが御用学者である。政府が学者の見識や専門能力を求めるのではなく、学者が政府に群がって御用聞きに血道をあげているのだ。この手のあさましい学者が多い。私たちは「学」もまた利権複合体の一角を占める存在であることが多いことを知っておく必要がある。

そして日本の政治を変えるためには、主権者である個人が覚醒し、一％と九九％の対立の構造を理解し、民主主義の仕組みを生かして行動することが必要不可欠だ。

その意識を高めるために、源泉徴収制度を申告納税制度に変えることが有効だと思われるが、逆に利権複合体勢力は源泉徴収制度を死守しようとするだろう。

「プログラム支出」と「裁量支出」——植草

源泉徴収から申告納税への制度変更を、選挙公約に掲げて広く訴えることが、人々に問題の存在を伝える重要な方法になる。

選挙公約としての明示は重要問題を人々に気づいてもらう効果的な手法だ。

日本の社会保障支出の国民所得比の大きさは、世界の中間に位置している。しかし、機能別分類では年金、医療、介護という、高齢者向けの支出が大半を占める。機能別分類の「失業」と「家族」の部分が非常に小さい。「家族」は具体的には子どもに対する支出で、日本の社会保障支出では、子どもに対する支出が突出して小さいことが大きな特徴だ。

一人親世帯の子どもの相対的貧困率は日本がOECD三四カ国中の第一位である。そのために、意欲もあり、能力もあるのに教育を受けられない子どもが多いのは非常に大きな問題だ。一人親世帯の子どもの相対的貧困率は五割を超えており、「豊かな社会」からかけ離れている。『日本経済復活の条件』（ビジネス社、二〇一六年）で訴えたことは、いまのような弱肉強食政策の推進が「資本栄えて民亡ぶ」をもたらし、「民亡べば資本も国も亡びる」こと。だからこそ社会の底辺を底上げすることが一番大事だということだった。

一人親世帯の子どもの支援、所得の少ない世帯への教育費の支援、保育施設の拡大は喫緊の課題だ。フランス等では大学まで負担なしに教育を受ける機会が保障されている。日本の、財

1人親世帯の子どもの貧困率と世帯所得格差

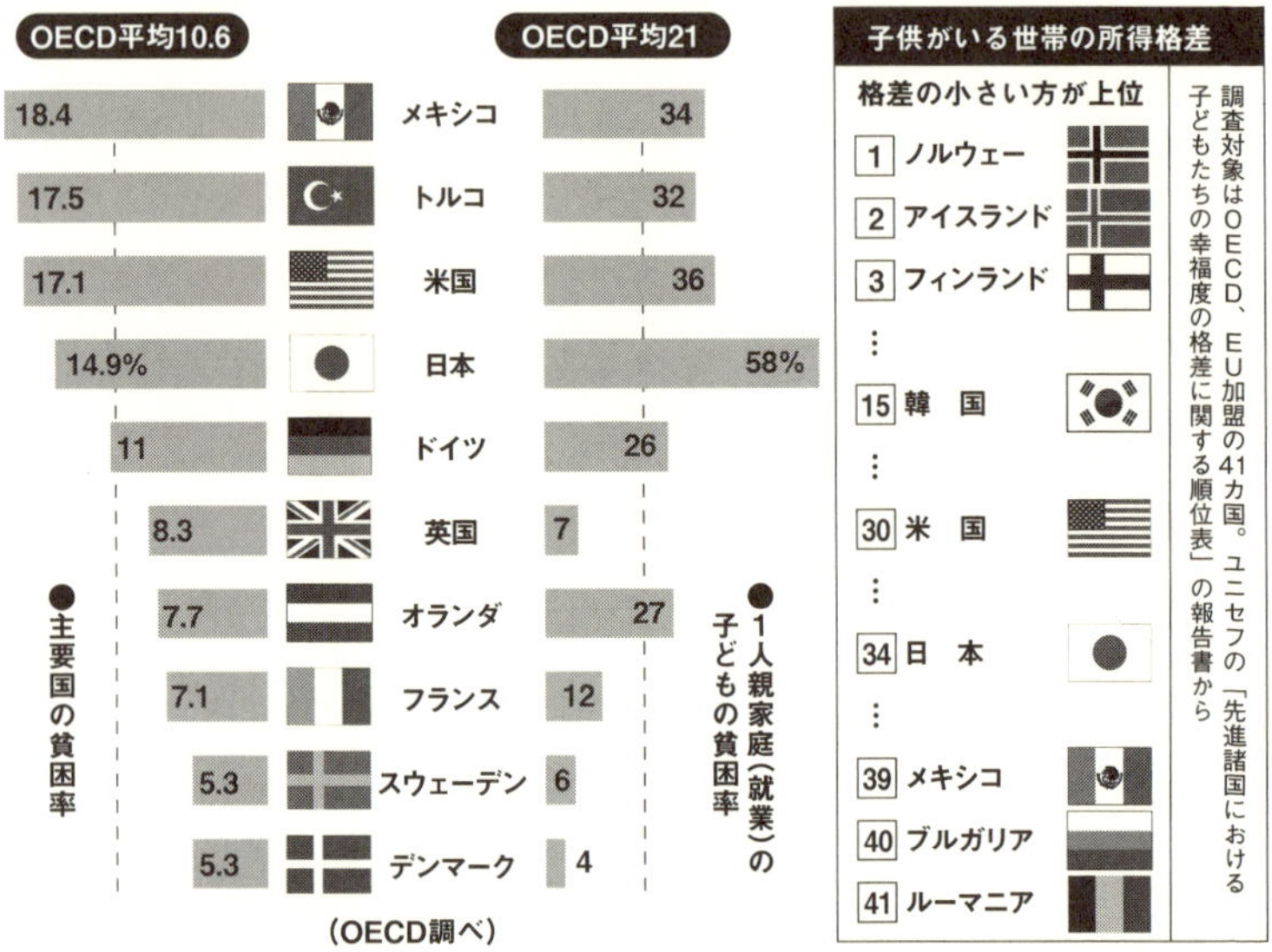

（出所）朝日新聞　（出所）東京新聞

政支出の中身を変えれば、社会保障の拡充は十分に可能である。

アメリカの財政支出に、「プログラム支出」と「裁量的支出」という区分がある。プログラム支出は、制度によって支出が自動的に決まる社会保障支出などを指す。これに対し、裁量支出は毎年度の予算編成で個別に決定される。

この区分で日本の財務省は、プログラム支出を切り、裁量支出を拡大する方向で予算を編成する。

裁量支出は利権になりやすいが、社会保障のプログラム支出は利権になりにくい。社会保障支出が制度として確立されると、その支出は受給者の「権利」として受け止められ「お上」が

「下々」に「恩恵を付与する」性格が薄れる。このような支出を利権政治屋と利権官庁が嫌う。財政支出は、お上が下々に「下賜」するもので、下々がありがたく「拝受」するものでなければならない。この性格があってこそ財政支出が「利権」になる。しかも、社会保障支出の受給者は利権的な与党の不支持者であることが多い。

だから利権主義の政権は、反与党の受給者が多い社会保障支出をできるだけ切って、利権に満ち溢れた裁量支出を与党支持者中心に流し込むのだ。

財政活動のコントロールだった立憲主義の歴史——伊藤

マグナカルタが一二一五年にイギリスで生まれたが、そこで一番重要だったのは、国王が貴族から勝手に税金を取り立てない、つまり、王権をいかに縛るのかという問題であった。

憲法の歴史は、一つは財政統制の歴史だったともいえる。国王が好き勝手に税金を徴収し、それを勝手にフランスとの戦争に使ってしまうのを、当時の貴族がコントロールしようとした。財政統制は、実は憲法のなかでもっとも重要なテーマの一つであったのだ。

日本国憲法において本来、財政は、立法、行政、司法で分ければ、行政活動に属する。一行政活動に過ぎない財政を、憲法は「第七章、財政」という独立の章を設けてコントロールしようとしている。

そこでは財政民主主義の下で、主権者国民の意思に基づいて、国会で財政を議決すると書かれている。歳入面は租税法律主義で、歳出面は国会での議決で決める。その歳入と歳出のプログラムを予算というかたちで、国会がコントロールをしていく。事後の決算も含めて。財政に関しては、民主的なコントロールを徹底するかたちが、憲法上、想定されているわけである。

通常の行政とは別に、独立した章立てを置いて、わざわざそこを主権者固有の意思でコントロールする仕組みをつくっている。それを国民自身が意識しないことは、本当にもったいないと思う。

もともと立憲主義の歴史は、財政活動のコントロールの歴史でもあった。その流れを受けて、日本の憲法も財政民主主義を徹底する、国会財政中心主義を徹底するかたちになっているわけである。そこを私たち自身がもっと自覚をしていかねばならない。

日本の六人に一人の子どもが貧困であると言われ、生活保護世帯の大学進学率は二〇％に届かない。現実には「貧困の連鎖」がどんどん教育面でも生まれており、そこは国家的な危機と捉えるべきであろう。

子どもの教育費、貧困をいかに是正していくのか。そうしたところにきちんと予算配分をしていけるのかどうか。それを選挙の際の「争点」として顕在化していくべきだと思う。

第7章

メルトダウンする
アベノミクス

大企業の利益を増やすことがアベノミクスの成長戦略――植草

アベノミクスの三本の矢は、一本目が金融緩和、二本目が財政出動、三本目が成長戦略だった。このなかの一本目の矢である金融緩和は、成果はないが維持されている。

二本目の財政出動は、二〇一三年に大型補正予算編成で実行されて、マクロ的には成果をあげた。しかし二〇一四年に、消費税率が五％から八％に引き上げられ、財政政策が超緊縮に転換した。この結果、日本経済は二〇一四年、実質的に不況に回帰した。

そして二〇一五年から、二〇一六年かけて超緊縮財政運営が維持されてきた。これを「アベコベノミクス」と呼んでいる。

一九九〇年以降の日本の財政政策では、強烈なアクセルと、強烈なブレーキが交互に踏み込まれてきた。

一九九七年度の橋本政権による消費税増税の局面、二〇〇〇年から二〇〇三年にかけての小泉政権による「改革」政策の局面で猛ブレーキが踏まれた。これに連動して日本経済が墜落。株価も暴落した。

これに対して二〇一三年は、積極財政が実行されたが、二〇一四年に超緊縮に転じてしまった。このアベコベノミクスの影響で、日本経済が長期停滞に陥っている。

アベノミクス第三の矢の、成長戦略が、アベノミクスの〝核心〟である。第5章で触れたように成長戦略には五つの柱がある。農業の自由化、医療の自由化、解雇の自由化を含む労働規制の撤廃、法人税の減税、経済特区の創設であり、これらはすべて大企業の利益を増やすことを目的とするものだ。

小泉竹中政治が前面に押し立てた、大企業の利益を増やす戦略を真正面から〝継承〟したのが第二次安倍政権である。

中間層の没落、低所得者層の拡大、国民の生存権を脅かす状況、世界有数の格差大国、一人親世帯の子どもの貧困などの問題は深刻さを増している。

これを「是」とするのが安倍政権である。安倍政権は「弱肉強食」を追求し、「安倍政治を許さない！」主権者が「共生」「友愛」の政治を希求している。

「共生」を希求する立場からは所得再分配機能の重視、格差拡大ではなく格差是正が提唱される。国民に対する最低保障ラインの引き上げ、すべての国民が享受する最低生活水準の引き上げこそ、最優先の経済政策課題であると訴える。

「弱肉強食対共生」では主権者の意見が二つに割れるだろう。そしてこの問題こそアベノミクスの是非を判定する核心だ。

日銀の独立性を阻害している安倍政権――植草

次に金融緩和について考えてみたい。二〇一三年三月に黒田東彦さんが日銀総裁に起用され、

「もはやデフレではない」ではない

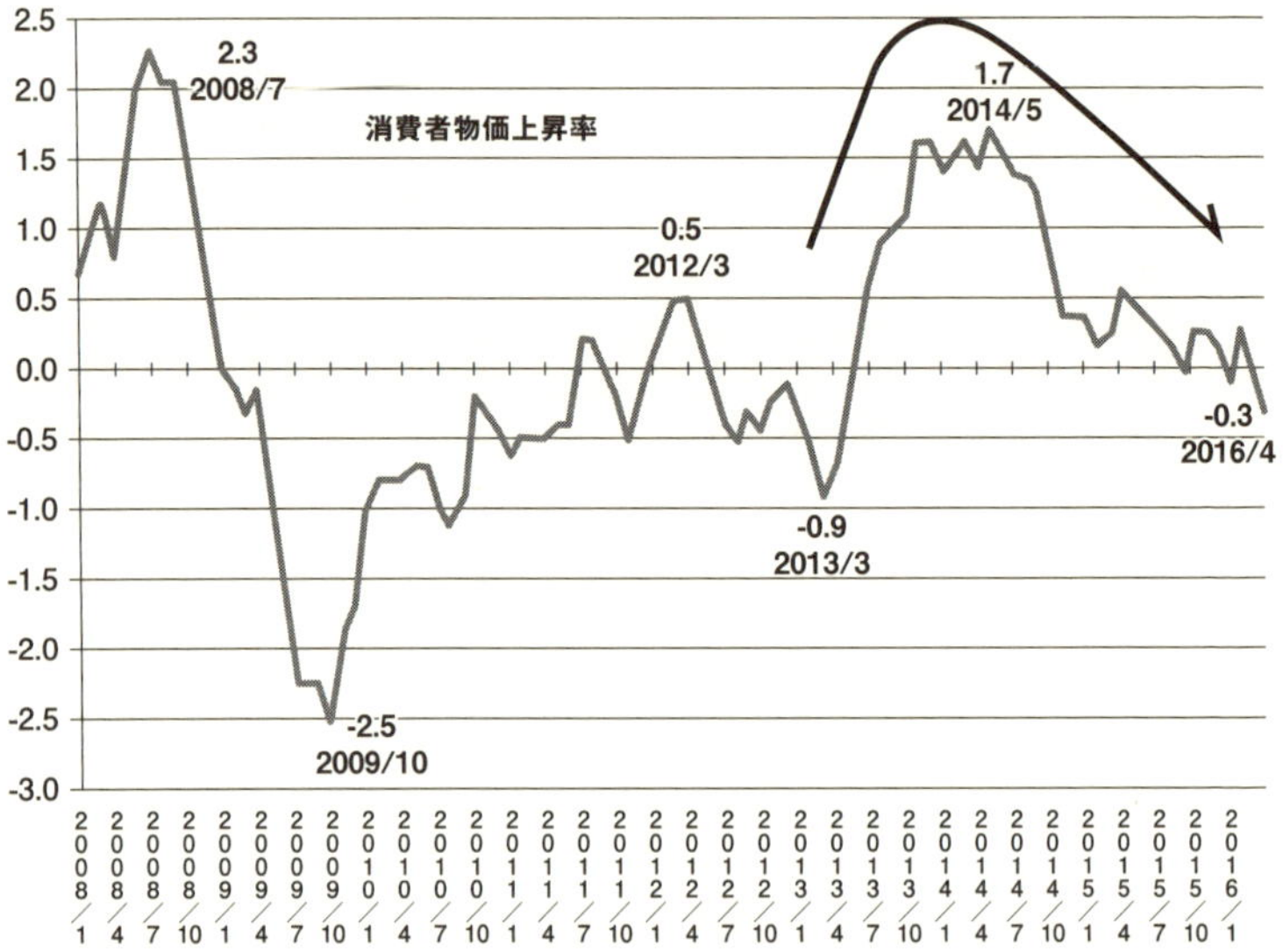

安倍首相の考え方に沿う人物が、日銀の政策決定を主導する状況に移行した。

日銀政策決定会合は、総裁一名、副総裁二名、審議委員六名の合計九名で審議が行われ、最後は多数決で政策が決定される。

二〇一六年一月末のマイナス金利導入は五対四の多数決で決定された。賛成した五名は、安倍首相が選んだ総裁、副総裁三名と、新たに安倍政権によって起用された二名の審議委員だった。第二次安倍政権発足以前に就任していた四名の審議委員は全員が反対した。

この構図が「日銀の政治化」、「日銀の政治的独立性の崩壊」を鮮明に物語っている。安倍政権が日銀を政治的に支配し、日銀は独立性を失っている。内閣総理大臣が露骨な恣意で日銀幹部人事を行えば、日銀は五年毎の幹部人事のたびに右に左に大旋《せん》回してしまうことになる。

現在の日銀執行部に黒田東彦総裁、岩田規久男副総裁、中曽宏副総裁が就いている。二〇一三年春に黒田総裁体制が発足したときに、執行部は「二年後にインフレ率を二％まで引き上げる」ことを公約した。

岩田副総裁は国会同意人事審議の答弁で、公約を実現できない場合、「最高の責任のとり方は、辞職するということだというふうに認識はしております」と述べた。

公約に明示されたのは、二〇一五年春の消費者物価上昇率二％である。

二〇一六年四月の消費者物価上昇率（生鮮除く総合、前年比）はマイナス〇・三％。二〇一五年度は〇・〇％だ。黒田総裁、岩田副総裁の公約は完全に破綻している。

安倍首相はよく国会で、「もはやデフレではないと言えるところまできた」と答弁していが、正しい日本語は「『もはやデフレではない』ではない」だ。

二〇一四年にかけて一時的にインフレ率が上昇した局面はあったが下方に屈折した。インフレ誘導は失敗したと言わざるを得ない。

量的金融緩和は効果がないと文書で発表していた日銀――植草

この三年間、黒田日銀が拡張し続けてきたのが、短期金融市場残高を拡大する「量的金融緩和」政策である。

銀行の与信行動については間違った説明が多い。銀行が預金を集めてきて、集めたお金を企業や人に貸している。こんなふうに理解している人が多いかもしれないが、まったくの間違いである。

銀行のビジネスは、お金を貸すところからはじまる。銀行は「無」から「金」を生み出す。銀行がA企業に一〇〇億円を貸す。貸したお金がA企業の預金口座に入金される。これで「無」から「一〇〇億円」が生まれる。

これが金融の基本的な仕組みである。

ただこれを無制限に認めると、収拾がつかなくなる。そこで一つ縛りをつくる。それが「準備預金」という制度だ。銀行が受け入れている預金の一定比率の金額を日銀に預金として預けることを義務づける制度だ。たとえば銀行が一〇〇億円預金を受け入れている。このときに預金準備率一〇%という縛りをかけると、この銀行は日銀に一〇億円の預金を預けなければならない。

この、日銀に預ける一〇億円を、銀行がどこから調達するのかというと、なんと、日銀が貸すのだ。日銀が銀行に一〇億円を貸す。銀行は日銀に一〇億円の借金として、その一〇億円を日銀に預金する。順序は逆になるが、この状態を確保できたときに銀行は一〇〇億円の融資を実行して一〇〇億円の預金を受け入れることができる。

さて、インフレを誘導するために何が必要かというと、マネーサプライの増加が必要だと考える。これがいわゆるマネタリストという人たちが打ち立てた考え方である。

いま、世の中全体で一〇〇億円の預金があるとして、これが二〇〇億円に拡大する場合、マネーサプライが増えたと言う。乱暴な整理になるが、マネーが増えると、やがて物価が上がるという関係をミルトン・フリードマンという学者などが、長期の統計数値をもとに明らかにして、ノーベル賞を受賞している。

だからインフレを誘導するにはマネーサプライ＝マネーストックを増やせばよいということになる。これを実現するためには、どうしたらいいか。日銀の銀行への貸出を一〇億円から二〇億円に増やしてあげると、銀行は最大で二〇〇億円まで融資を拡大できる。このとき、マネーサプライは、一〇〇億円から二〇〇億円に倍増する。

つまり、日銀が銀行に対して提供する準備預金資金の量を増やしてやれば、銀行の融資可能上限額が増え、実際に融資が実行されればマネーサプライが増えてインフレを誘導できる。これが量的金融緩和の基本的考え方である。黒田日銀はこの準備預金をどんどん増やすことを積極的に行ってきた。

しかし、これはマネーが増えるための必要条件ではあるが、十分条件ではない。銀行の日銀預金、つまり準備預金が一〇億円から二〇億円に増えても、銀行が融資を増やさないと銀行の預金量、すなわちマネーサプライは一〇〇億円のままだからだ。馬を水場に連れていっても、馬が水を飲まなければ、馬のお腹の中の水は増えないのだ。

本来、銀行の融資金額を増やすには、金利を下げて、資金需要を増やすことが有効だ。しかし、下げる金利がなくなった。そこで量的緩和政策着手が検討された。

この量的金融緩和政策について日銀が一九九九年九月二一日に、「当面の金融政策運営に関する考え方」と題する文書を発表している。この文書で日銀は、短期金融市場の資金を増やしても、それでマネーが増えることは生じない、量的金融緩和は効果がないので、日銀はこれを実行しない、という「考え方」を公表した。

ただ、その後、政治からの圧力で、日銀は量的金融緩和に踏み出し、二〇〇三年以降、福井俊彦総裁が拡大した。

欠陥だらけのマイナス金利導入――植草

そしていまの黒田総裁は、日銀による国債買入れ金額を年間八〇兆円ペースに膨張させた。しかし、インフレ率は上がらず、結局、量的金融緩和政策は失敗している。この失敗を踏まえてのことか、日銀は本年一月末の政策決定会合で、今度は量的緩和ではなく、金利引き下げ、すなわちマイナス金利導入を決めた。

日銀による突然のマイナス金利導入が金融市場を混乱に陥れ、株価も暴落させた。これまで銀行は日銀に預けている準備預金について〇・一%の金利をもらっていた。準備預金増大が、銀行の金利収入を増大させていた。

ところがマイナス金利は、銀行が日銀に預けているお金に対する金利をマイナスにするものであり、日銀に預けている準備預金が多ければ多いほどお金を取られてしまう。

細かい点を捨象《しゃしょう》して言えば、銀行は、できるだけ日銀に預ける準備預金を節約しようとすることになる。この行動が量的金融緩和政策と正反対の結果を生むことは明らかだ。

また、黒田総裁自身が国会審議等で、マイナス金利導入を考えていないと何度も表明していた。過去の説明との整合性も取れない。あまりにお粗末な政策決定だった。収益悪化懸念から銀行株価が暴落し、株価全体も急落した。

日銀の政策決定会合では安倍首相に起用された五人のメンバーだけが賛成し、従来メンバーの全員が反対した。欠陥だらけの無残な日銀の政策決定になった。

銀行の一般預金に対してマイナス金利が導入される日――植草

すでに述べたようにマイナス金利導入が銀行収益を悪化させる懸念が広がった。

日本よりも先にマイナス金利導入に踏み切ったヨーロッパでは、ドイツ銀行の経営危機説が伝えられた。ヨーロッパでも銀行の収益圧迫が警戒されている。

銀行の収益が圧迫されると、銀行の与信姿勢が厳しくなる。つまり貸しはがしや、貸し渋りが生じやすくなる。もともとインフレ誘導を目的とする金融緩和政策は、銀行の与信拡大によって、世の中に出回るマネーサプライを増やし、インフレ率上昇を誘導するというメカニズムを念頭に置いている。この面でもマイナス金利導入は適正でないと言える。これまでのところ、マイナス金利導入は正しい政策決定ではなかったとの評価が広がっている。

しかし、黒田総裁はマイナス金利の幅の拡大方針を示唆している。今後の動向には特段の注視が求められる。

将来の可能性として考える必要があるのが市中銀行の一般預金金利にマイナス金利が適用されることだ。

こうなると、銀行にお金を預けると、お金が減ることになる。前代未聞の事態だ。しかし、法律の専門家から法的問題があるとの指摘も示されている。

仮に一般預金にマイナス金利が適用される場合、何が起こるだろうか。恐らく圧倒的多数の預金者が、銀行に行って預金を引き出すだろう。銀行に預けてお金を減らすより、預金を全額引き出して自宅に用意する耐火金庫に保管しようとするだろう。

統計を見ると、現金の発行残高が急増している。つまり、すでに多くの人が、銀行から預金を引き出しはじめているのだ。

マイナス金利が導入されて、預金者が銀行に殺到して、現金の引き出しが日本中に広がるような事態、これを「取り付け」と呼ぶ。日本中が「取り付け」騒ぎに巻き込まれる。このとき、恐らく政府は、預金引き出し額に限度を設定することになる。

預金の引き出しは一日一〇万円まで。こんな限度が設定されることが考えられるのだが、実はこの現象を「預金封鎖」と呼ぶのだ。

戦後の旧円から新円への切り換えの際に、日本政府は預金引き出しに制限をかけた。これが預金封鎖と呼ばれたのだが、預金封鎖で資金を引き出せない間に、通貨の価値が激減した。その結果、人々が保有していた預金資産が紙屑に変わってしまった。

直ちに預金封鎖が行われる可能性は低いが、日銀が採用したマイナス金利導入の延長線上にこのシナリオが浮かび上げる。日銀は、いかなる方法を用いてでもインフレ率を引き上げる意思を有しているかもしれない。すでに黒田総裁はマイナス金利の導入後に、マイナス金利幅の拡大意思を示唆している。

これまでのところインフレ誘導は失敗している。しかし、常軌を逸した金融政策が維持され、やがて預金封鎖も含めて、激しいインフレをいかなる方法を用いてでも実現させようとの意図が残存する限りは、何らかのきっかけで、インフレ率が跳ね上がることがないとは言い切れない。

余分な預金は引き出して、インフレヘッジの機能を持つ金地金などに換えておく。一部の富裕層が、こんな行動を取り始めている。

政府の債務残高を一気に解消してしまうウルトラCはハイパーインフレ——植草

日銀が政府の支配下に置かれ、財務省出身者が日銀トップに天下っている。財務省の究極のたくらみは、「ハイパーインフレ」の実現である。ハイパーインフレがただ一度でも発生すれば、実質政府債務残高が吹き飛ぶ。究極の政府債務解消策がこれだ。

ハイパーインフレを引き起こすことができるのは、唯一、財政当局と中央銀行だ。両者が結託して日本でもハイパーインフレが引き起こされた歴史の事実がある。現在の日銀の行動はまだこの領域に達するものではないが、重大な危険性をはらんでいることは間違いない。

財務省が表立ってこんなことを言うことはない。公然の秘密である。しかし可能性を否定できない。

日銀側はインフレ誘導政策が、ハイパーインフレを目指すものではなく、適度なインフレ率を目指すことだと説明してきた。

二％程度のインフレ率が存在するときには、相対価格の調整がいまよりは速やかに実現する。また、物価上昇傾向が消費意欲を喚起する可能性も指摘される。つまり、値上がりする前に買うほうが得だとの判断が、現在の購買意欲を増大させる。こんな説明で、インフレ誘導政策が正当化されてきた。

しかし、デフレの場合には、名目賃金が横ばいでも、実質賃金は増える。労働者にとっては、こちらのほうがいいに決まっている。これを嫌うのが企業経営者〝投資家〟である。

すでにお話したことだが、安倍政権が掲げたアベノミクスの第一の矢、インフレ誘導政策の本当の目的は、企業の賃金コスト引き下げなのだ。安倍政権は一般庶民に対して、インフレ誘導で経済が拡大し、トリクルダウンが実現するなどと説明してきたが、単なるウソだ。インフレ誘導政策の本音は企業利益の拡大であり、第三の矢の成長戦略がその核心なのだ。

実際に二〇一四年にかけてインフレ率が小幅上昇したときにも賃金は横ばいだったから、実質賃金は低下した。この影響も企業収益を拡大させる一因になって株価が上昇した。

財政当局はこうも考える。インフレ率上昇は名目GDPを増加させ、税収を増大させる。財政当局は税収増加を期待する視点からもインフレ率上昇を歓迎する。しかしインフレ率上昇に連動して長期金利が上昇することは利払い費の増大を招くために忌避したい現象だ。

この意味でGDP比二四〇%の債務残高を一気に解消してしまう一回限りのハイパーインフレがウルトラCと呼べる現象なのだ。

物価が二倍になれば、債務残高は一気に半分になってしまう。物価が一〇倍にはね上がれば政府債務はいきなり一〇分の一だ。ハイパーインフレを切望しているのだろう。

アベノミクスの最大の問題は、これが主権者国民の幸福を追求するものではなく、一握りの強欲資本の利益拡大を追求するものであることだ。

しかし、日本国憲法に基づく政治とは、個人のための政治、国民のための政治でなければならない。

すでに述べたことだが、一九四五年から憲法が施行された四七年頃にかけては、民主主義の思想が急速に広がり、この考えに沿う施策が一気に実行された。しかし、一九四七年に憲法が施行されると同時に冷戦が激化、ＧＨＱの占領政策が大転換するという皮肉な現象が表面化した。

それ以後の日本は、基本的に米国が支配する日本であり、大資本と官僚機構、そして利権的な政治勢力のための政治に堕《だ》してしまった。

強欲巨大資本のための枠組みをグローバリズムという言葉で表現すると、グローバリズムが日本で際立って尖鋭化したのは、二〇〇一年以降である。

小泉政権が誕生して、「改革」なる言葉が多用され、その延長線上にいまの安倍政権がある。安倍政権はより明確にグローバリズムを支援し、強欲巨大資本の収益極大化に向けて、ありとあらゆる制度変更、制度設計を進めている。

安倍首相の戦前回帰を指向する言説に惑わされてしまいがちだが、安倍政治の本質は、強欲大資本の利益極大化にあることは間違いなく、強欲大資本にとって邪魔な存在である民主主義と人権を抑圧しようとしているのだ。

「大砲か、バターか」── 伊藤

朝鮮戦争が起きると、在日米軍の一部が朝鮮半島に赴くので、その分をカバーするために警察予備隊、保安隊が創設されるといった経緯があった。さらにアメリカからの要請、軍事的なつながりによって一九五四年に自衛隊が創設された。

法律家の観点から見て象徴的なのは、一九五七年に二つの大きな裁判が提訴されたことであった。一つは「砂川事件」だ。これは立川の米軍基地の拡張をめぐり、反対する市民がフェンスを越えて基地内に入ってしまったという「刑事特別法違反」の事件であるとともに、その本筋は米軍基地の拡張などに反対する、さらに日本がアメリカと軍事一体化していくことに対する反対運動の訴訟であった。日本の自衛隊が五四年にできてから、どんどん国防費が増えていくという状況にあったからである。

もう一つの訴訟が、「朝日訴訟」と呼ばれる生存権訴訟で、これは「人間裁判」とも呼ばれた。朝日茂さんという方が、結核の療養施設に入っていて、生活保護を受けていた。ところが、お兄さんがいることがわかったので、そのお兄さんから仕送りを受けろということで、それまで月額八〇〇円もらっていた生活保護費をカットされてしまった。

これでは生きていけない。憲法第二五条に基づき、「生活保護費の削減に対して、その取消を求める」という裁判であった。

財政支出の裏表と言おうか、国防費、軍事費を増大させて、その反面、社会保障費を削減していく状況が横たわっていたわけである。とりわけ生活保護の申請については、当時は窓口で追い払う、いわゆる「窓口水際規制」のようなことをやっていた。

国防費、軍事費を増やしながら、社会保障はなんとかして削減しようとする政府の姿勢に対して、当時、「大砲か、バターか」といった標語で、この朝日訴訟は争われた。

この一九五〇年代から同じような状況が続いてきたのは、やはりそれは根本のところで、どういう価値を大切にするのかがないがしろにされたままで、今日まできてしまったからに他ならない。

人材の流動性の目的と手段が〝逆転〟している安倍政権――伊藤

規制緩和のなかに、雇用のためのさまざまな規制を取り除く、ある意味では雇用破壊とも言えるものがあり、それは労働市場の自由化とも言われたりする。目玉は先にもふれた「解雇の自由化」の推進であろう。その根本の〝目的〟とは、企業の側が労働コストを下げる、そのための解雇の自由化や流動性アップであって、これは本末転倒としか言いようがない。

本来、雇用の流動性とは、一人一人の個人が、自分の幸せにあった仕事を見つけられるようにすることではないのか。いったん就職してしまったら、自分に合わなくてもそこに一生しがみつかなければならない。そういう仕組みは、本人の幸せにはつながらないからである。

昔の終身雇用は、いい面もあったけれども、大学、高校を出たばかりで、自分が何に向いているかわかりもしない時点で就職し、一生が決まってしまうのは、いかがなものだろうか。

たとえば高卒で、ある会社に入った。しかし途中で勉強したくなったので、大学に入って学び、今度はまた別の企業で、もっと自分を生かせる仕事を見つけたい人だっているはずだ。自分の幸福追求につながるものを探して転職することは、本来自由であっていい。ただそれはあくまでも個人の幸せ、幸福追求のための手段としての流動性でなければいけない。

この国の大きな問題点の一つは、人材の流動性に欠けることであろう。企業内における流動性もそうだ。たとえば弁護士になったら、法廷に行って仕事をするという、ある意味、一本道のようなレールが主流となってきた。

ところが世界では、弁護士の資格を持ちながら政治家になるとか、起業するだとか、研究者になるだとか、いくらでも流動性があっていい話なのだ。

特に政治家は世襲制、いわば家業のようになってしまっているから、次の選挙で当選しないことにはどうしようもない。だから、国民の利益を考えるよりは、自分の次の当選のことしか考えられないように見える。

少し前に、ドイツの国会議員と話をする機会を持った。目の前にいる彼らに、「あなたたちのなかで法律家、弁護士の資格を持っている人はどれぐらいいるんですか?」と聞いたら、「三〇%ぐらいはいる」と返された。日本では五%もいるかいないかである。七〇〇人以上いる国会議員のなかで、おそらく三十数人程度だろう。

ドイツではメルケル首相もそうだが、学者から国会議員になるケースもある。あるいは起業家が国会議員になったりする。アメリカでもイギリスでも、他の職業を持っていて、もし当選しなかったら、また元の仕事に戻ればいいという感覚がある。だが、日本では選挙に落ちてしまったら、「ただの人以下」ということになりかねない。

日本の国会議員の前職を調べたことがあるのだが、圧倒的に地方議会議員、もしくは政治家の秘書が多い。政治の世界だけで生きてきた人たちがやはり多いわけである。

日本の法律家は司法試験に受かった後、弁護士になったらずっと弁護士。裁判官になったらずっと裁判官。検事になったらずっと検事が基本である。裁判官、検事のなかには、辞めて弁護士というケースもあるが……。

アメリカなどでは「法曹一元」といって、司法試験に受かった人は、いったん全員弁護士になる。弁護士として一〇年、二〇年経験を積んだ、人望も実力もある人が裁判官になったり、または弁護士のなかの選挙で検察官になったりする。

だから裁判官、検察官が弁護士という当事者を経験している。また、依頼者の思いを一応経験した人が、裁判官や検察官になっている。けれども日本は、ずっと一本道である。こういうところが、日本の官僚と似ているかもしれない。

本来の人材の流動性とは、多様な経験を踏まえて、より自分に合う職業を選べて、それがより社会全体の幸せの総量を増やすことにつながることだ。

あくまでも雇用の流動性は、個人の幸せのためにというのが出発点であるべきなのだが、安倍政権はそうではなく、企業の労働コストを下げるための観点からでしかない。解雇の自由化も含めて、やはりここでも目的と手段が〝逆転〟してしまっているわけである。

結果的には膨大なコストを抱えることになる安倍政権の成長戦略――伊藤

日本は格差大国になってしまったという指摘が植草さんからあった。子どもの貧困率もそうだし、特に母子世帯のような一人親世帯に対して、日本は本当に冷たい国だと思う。

共生という観点から照らすと、格差こそが諸悪の根源である。特に最低保障ラインなどを引き上げるなり、一定の安定した、少なくとも人間らしい生活ができる場が確保できていないと、これが今度の大きな社会的なコストにつながっていくからである。

それは生活保障をはじめとする社会保障だけではない。治安の悪化、あるいはヨーロッパがテロで苦しんでいるが、テロや戦争の一つの原因にもなりかねない。

貧困、格差、差別、人権問題、教育不足、医療不足、疾病などが「構造的暴力」を引き起こす要因となってきた。

日本は構造的暴力をなくすための国際貢献を目指してきたはずである。憲法の前文の積極的非暴力、平和主義という発想で、世界の貧しい地域に学校を建てたり、病院をつくったり、灌漑用水を引いたりして、そうした紛争の火種になるような格差、貧困、教育不足をなくしていこうと努力してきたのではなかったか。

そこには、すべての人が命と暮らしと尊厳を持って生活できるような世界を築いていこうとする、「人間の安全保障」という根底の考え方が流れている。これは一九九四年あたりから国連で提唱されてきたもので、緒方貞子さんがその組織の議長になったりして、憲法九条の平和的生存権のある国として、日本はそれを世界で推し進める役目を担っていた。それが国内においては、まったく逆の方向に進んでいってしまっているわけである。

やはり国内でも、人間の命と暮らしと尊厳を守っていくという意味の、「人間の安全保障」の発想をきちんと基礎に据えていかないと、貧困、格差が日本の治安の悪化、テロの温床、そして戦争の温床にもなりかねない。

ヘイトスピーチなども、そういうところから出てくるわけだ。自分たちに仕事がないのに、なぜ外国人を受け入れて、彼らに仕事を与えるのか。なぜ外国人に生活保護を与えるのか。まず私たちのほうの面倒をみてくれとなってしまう。そういうことも含めて、多大な社会的なコストが生まれてしまうわけである。

だから、国全体の本当の意味での豊かさという観点から考える場合、いまの安倍政権の「企業が豊かになれば成長だ」とする成長戦略は、実は結果的には膨大なコストを抱えることになる。しかもそれは本当の意味の成長とは言えない。もともと憲法が目指した、一人一人の幸せのために国がある、そこからはほど遠い状況になってしまいつつあるのが現実といえる。

経済の面からも、政治のあらゆる政策の面からも、私たちは、一体どういう国に住みたいのか、どういう価値を大切にしたいのかを、いまほど本気で考えなければいけない時期はないと思う。

第8章

すべてを解決する「一人一票」の実現

一票の格差は「法の下の平等」の問題ではなく、民主主義の本質に関わる問題――伊藤

私自身は一九九五年から「一人一票」を実現するために、選挙制度の改革運動と訴訟を行ってきている。いわゆる一票の格差の是正のための裁判は一九五〇年代からずっと続いているのだが、一向に変わらずにきてしまった。

一票の格差が二倍未満のところまで是正すればいいのではないか。衆議院でも五倍を超えた時代があったものだから、これが憲法学においても定説になっていた。だが、一票の価値が住んでいる場所によっててんでバラバラという実態は、やはりどう考えてもおかしいわけである。そもそもこれは憲法一三条の「すべて国民は、個人として尊重される」に反するし、そしてまた民主主義とは言えないという理由から、私は新たなかたちでこれを裁判で争うことにしたわけである。

従来は第一四条の「法の下の平等」の問題として、この一票の格差という言葉を使って議論をしていた。日本の憲法一四条、平等権とは、同じものは同じに、違うものは違ってよいという基本的な考え方が流れていて、これを相対的平等と言う。

そうすると、たとえば男女の差があるのだから、男女で違った扱いをする場面も許されるわけである。ただ不合理な区別、差別については許さない。要するに、〝合理的〟な区別は許すというのが、基本的な一四条の解釈であった。

それをこの一票の格差と呼ばれる問題にも当てはめてきた。というのは、都市部と地方では人口密度はじめ、さまざまな違いがあるのだから、多少は一票の格差があっても仕方がないのではないか、ということである。ただ、その格差が五倍はひどい。三倍、いや二倍未満ぐらいは格差があることを前提に、それをどこまで是正すれば許されるのかという発想だった。

それを相対的平等、憲法一四条の法の下の平等の問題として、いままでの裁判では争われてきた。だが、私たちは一四条は俎上に上げず、民主主義の問題だとして新たに裁判をはじめた。もっと言えば、これは「多数決で物事を決める」という民主主義の〝本質〟に関わる問題である。加えて、国民が主権者であるという、その現れの問題なのだと、私たちは視点をまったく変えて争うことにした。

いまのように「五倍はひどすぎる」「三倍は？」「では、二倍未満は」と線引きをしようとすると、結局、程度問題になってしまうわけである。そうではないのだ。どこに住んでいても、基本は一人一票が原則であると、私たちは主張している。

ただ現実問題としては、引っ越しをしたりだとかさまざまな事情があるから、多少のズレは仕方がない。だが、あくまでも一対一が原則である。これを「人口比例原則」と言うのだが、「どうしてもこのズレは仕方がないこと」を「政府側が立証しない限りは違憲になる」と私たちは考えている。

つまり、原則例外が〝逆〟なのである。違ってもいいところからスタートする一票の格差という従来の発想と、人口比例が出発点で一対一を原則とする新たな発想。私たちの主張は、一八〇度原則を入れ換えた発想に基づくものなのである。

主権者の多数決で物事を決めるための人口比例——伊藤

したがって私たちは普段は「一票の格差」という言葉を使わない。それが諸悪の根源だし、格差を是正さえすればいいと思ってしまうからである。二倍未満ならばいいだろうという発想を持つからおかしくなるのだ。そうでなく、あくまでも一対一が原則。どうしてもやむを得ない必要性からズレが生じても許容できるかという発想で考えるべきなのである。

もう一つ私たちは、これまで「二倍未満」という言い方をしていたのを、「〇・五票」という言い方に変えた。二倍の格差ということは、実は一票の人もいれば、〇・五票の人もいるわけだ。自分の一票の価値が〇・五票分の価値しかないと知らされれば、初めて自分事として捉えることができるからである。

たとえば以前は参議院議員で、鳥取県と神奈川県で五倍の格差があった。

鳥取県のほうは自分の一票で国会議員一人を送り出せるが、神奈川県の人は五人束になって同じ人に投票しないと、国会議員一人を送り込めないことを意味する。神奈川県の人にしてみれば、自分の一票の重みが鳥取県の〇・二票分の価値しかなかった。一人前扱いされていないどころか、〇・二人前である。

政治家のなかには未だに、二倍未満ならばいいのではないかと平気で言う人がいる。「〇・四九票の価値は駄目だけれど、〇・五一票ならばいい」と。ほとんど半人前扱いなのだが、それでも我慢しろというわけで、話にならない。

そんなふうに人口が少ない地域から、相対的にたくさんの国会議員が選ばれてしまっている結果、有権者の少数が議員の多数派を選んでしまっていることにもなる。

たとえば一つ前の二〇一三年の参議院選挙では、その選挙区選出議員の有権者のたった三五%が、その選挙区選出議員の過半数七四人を選んでしまっている。それから二年前の一二月、二〇一四年の衆議院選挙などでも四二%、小選挙区二九五の過半数の一四八は、たった四二%の有権者が過半数を選んでいるわけである。

国会のなかではたった一人の議員が造反することで、ある法律が通ったり、通らなかったりするように、徹頭徹尾多数決で物事が決まっていく。国会議員は、一年生議員であろうが、一〇回当選のベテラン議員であろうが、同じ一票なわけである。

なぜ国会での議決権は同じ一票が正当化されるのか。それは一人の国会議員の背後に、有権者がいるからでしかない。その人たちから選ばれた。それが唯一、正当化の根拠で、それ以外の説明がつかないわけである。

少数から選ばれた人たちが、むしろ国会議員で多数派を占めてしまっているということは、国会議員の多数決で国政は決まっているけれども、実はそれは有権者の多数決で決まっていない。この国では主権者の多数決で物事が決まらない国であることを意味しているのだ。

民主主義は最終的には多数決で物事を決める。これが民主主義の本質なのだが、ただ、その最後の「決」を取る手前のところで、十分な審議討論をし、十分に少数派の意見も組み入れながら、妥協案をつくり上げていって、そこで少数意見には配慮して調整をして、最後は徹頭徹尾多数決で決める。それが民主主義の冷徹なところであろう。

民主主義が独裁制と違うのは、そこでいったん政策が決まっても、次は少数派が多数派と入れ代わることができるところだ。だから、最後は徹頭徹尾多数決で決めるのが民主主義の本質だが、いまの日本はそこが曖昧になっており、実は「多数決が機能しない国」になっている。

この国は根本的に、主権者の多数決で物事が決まっていない。言い換えれば民主主義の国になっていないわけである。これを是正しなければいけないので、どこに住んでいても、同じ一票の価値でなければいけない人口比例を原則とすべきだと、私たちはずっと主張してきた。

国会議員は選挙区の代表ではないと憲法に書かれている――伊藤

ただ、これを言うと「地方の切り捨てになる」という典型的な批判を受けることになる。その発想の前提には、国会議員は地方の代表者、選挙区の代表であるという思い込みがある。それは間違いであって、国会議員は選挙区の代表でも、都道府県の代表でもまったくない。どこから選ばれようが、〝全国民〟の代表なわけである。憲法四三条1項に、「国会は全国民を代表する両議院の議員から構成される」と書いてある。

一方、アメリカは連邦制だから、上院議員は地域代表なのである。だが、日本の都道府県はアメリカの州とはまったく位置づけが異なる。アメリカの各州は独立国家のようなものだ、各州ごとに憲法があり、各州ごとに最高裁があり、各州ごとで法律家の志向も全部違うわけである。昔は選挙権も、車の運転免許の年齢も皆違ったし、教育のシステムも全部違っていた。また現在も各州ごとに軍隊を持っているわけで、それと日本の都道府県とはまったく別物である。日本はあくまでも中央の政治のなかで、地方自治が行われることから、国会議員はあくまでも都道府県の代表ではない。ましてや地域の代表でもなんでもない。まずそこの出発点のところに〝誤解〟がある。

それからもう一つ、山間部の少数派の声も反映しなくていいのか。過疎地域の少数派の国民の声は国会に反映されなくなってしまうという批判もよく届く。

しかしながら、それを言い出したならば、過疎地域や山間部に住んでいる人たちだけが少数派ではない。性的マイノリティの人たち、貧困に喘いでいる人たち、障害を持ってる人たち等々、さまざまな少数派が存在している。それなのになぜ、山間部に住んでいる、人口過疎という少数派の声だけを過大に国政に反映させなければいけないのか。その合理的な説明をできる人は、たぶんいないはずである。

もし山間部の少数派の声を特に反映させるべきだというのならば、性的マイノリティの人たちの声も反映させるべきだ。その人たちに一人二票与えるべきだろう。貧困に喘いでいる人たちには一人三票を与えたらどうか。三票分の価値を与えるべきだといったことになっていく。

結局、そうした少数者の声を、特に選挙の過程のなかで反映させてしまうと、仕組み自体が歪んでしまうわけである。だから、それは純粋に一人一票にしておかないといけない。

いまの選挙制度は、過疎地域の声を過大に反映させ、都市部の市民の声があまり反映されていないとの評価を下している人たちがけっこう多い。ところが、前回の参議院選挙で、もっとも一票の価値が低かったのは北海道だった。四七都道府県で、一番人口密度の低い北海道が、実は東京よりも悪い。

だから地方を優遇して、都会が割を食っているのではなくて、一番人口密度が低い北海道が、一番ひどい目に遭っていたわけである。一票の価値で差別がなされていた。青森は〇・四二票、沖縄〇・四三票、福島県は〇・二九七票だった。鳥取県が一票を反映させて、なぜ福島県は〇・三票未満なのか。ちなみに東京は〇・二二票であった。

以上のように、事実としては滅茶苦茶としか言いようがない。まったくいままでの利権、しがらみ、怠慢で、このような出鱈目が放置され続けてきたわけである。

何の政策的な考慮もなしに、ただただ出鱈目が放置されてきているだけなのだから、なんとかして一票の格差を是正しなければならない。主権者は国民なのであり、国会議員ではない。これが一番のポイントである。国会議員が多数決で物事を決めているが、主権者の多数の正当性の根拠がそこにはなく、これでは国民がこの国の主権者とはとても言えない。

アメリカの猛烈な格差を是正した連邦最高裁のレイノルズ判決――伊藤

また、一人一票の正当性の根拠は、憲法の規定でいうと前文に、「日本国民は正当に選挙された代表者を通じて行動し」と書かれていること。さらには、第一条においても、「主権の存する国民の総意」と書かれていることである。

それと「正当な選挙」とは、主権者国民の多数が国会議員を選ぶことを意味する。要するに、国民主権の民主主義が機能するためには、先に述べた人口比例原則でなければならないのが根拠となる。

あとは間接的には五六条の2項で、「出席議員の過半数で、これを決し」とあることなどを根拠にしている。出席議員の過半数で決められるものは、人口比例で、主権者国民の多数が国会議員を選んでいるからなのだ。

あとは一三条の、個人の尊重も根拠となる。もちろん一四条も主張はしているとはいえ、先に論じたように、一四条の本質とは、民主主義、国民が主権者だとするところが本質だと私は思っている。

一九六〇年代ぐらいまではアメリカでも、猛烈な格差があった。コネチカット州などでは、州議会の下院で四二四倍の格差が生じていた。ニューハンプシャー州の下院議員では、ある町が人口たった三人だったのに議員を送り出していた。同州の別の地区では三二四四人で一人の議員を出していたので、一票の重みは実に一〇八一倍の格差が生じていた。ユタ州では一九六倍、バーモント州は一〇〇〇倍、カリフォルニア州でも九七二倍、こうしたべらぼうな格差があることが普通だったらしい。

元凶は人口比例という発想がなかったからであった。一九六四年六月一五日に連邦最高裁のレイノルズ判決が出て、「選挙はあくまでも人口比例でなければならない。『ONE PERSON ONE VOTE』の原則が必要なのだ」とした。

ウォーレン最高裁長官が判決文のなかでこう述べている。「議会は人民を代表するものであって、樹木や面積の広さを代表するものではない。だから、人数の割合で送り込まないとおかしい」

その判決以降、アメリカの選挙は一気に変わった。それまで数百倍の格差が出ても平気だったものが、できる限り一・一倍に近づけようと様変わりしたのである。

一票の価値を限りなく一対一に近づけたペンシルバニア州議会――伊藤

面白かったのは、この判決が出た後に、あるイリノイ州選出の共和党の上院議員が憲法改正の提案をしてきたことだった。要するに、合衆国憲法修正一四条、法の下の平等権条項に照らせば、確かに違反する。だから人口比例でなければならないという判決が出てしまった。ならば憲法を改正すればいいだろうと考え、憲法修正追加条項を求める憲法改正運動を展開しはじめたのだ。

そのときの彼の言い分はこうだった。単に人口比例だけで考えたとしたならば、六〇〇万人のシカゴ市民が一〇〇もの郡に散在して、四〇〇万人の同胞が抱えている問題を一顧《いっこ》だにしないまま、イリノイ州議会を支配することになるのではないか。

カリフォルニア州はロスアンゼルス、サンフランシスコに支配されてしまう。ミシガン州はデトロイトに支配されてしまうではないか。都市の人間に支配されてしまうではないかと。

いまの日本で言われているようなことと同じようなことを言っていたわけである。だから、むしろ人口比例でなくてもよいという憲法改正をするべきだと主張した。これはまさに自民党が出した二〇一二年の改憲案、選挙は人口比例でなくてもよいとする憲法改正案の内容そのものである。

四七条が、「各選挙区は人口を基本とし」と言っているのに対し、自民党案では、「行政区画、地勢等を総合的に勘案して定めなければならない」としている。要するに、行政区や地勢や、さまざまな要素を総合的に勘案していい。もちろん人口密度なども勘案しながら決めていいと主張しているわけである。

人口比例でなくてもよいとする条項をあえて入れおいて、憲法改正によって、こういう違憲状態判決が出ることを、憲法改正で防いでしまおうという〝魂胆〟としか言いようがない。これは五〇年前にアメリカで言われていたことが半世紀も経ってから、周回遅れもいいところで日本で言われている。いまはそういう状況にある。

この判決が出た後、アメリカでは徹頭徹尾、一票の価値を一対一に近づける方向に動いた。二〇〇一年、一九の区分に州が分かれているペンシルバニア州で、連邦下院議員一九人を選ぶ選挙が行われた。向こうも小選挙区制だから、一選挙区一人の議員を選ぶ方式である。そのときに、ペンシルバニアのなかで最大の人口の地区と、最小の人口の地区の人口差がわずか一九人であった。たまたま選挙区の数と同じだったけれど、それにしてもたった一九人の差しかなかった。

それでも「これはおかしい」と訴えた人がいた。日本では何十万人の差があるが、たった一九人の差なのに裁判にした人がいたのだ。

ペンシルバニア州最高裁は憲法違反の判決を下し、「三週間以内に是正しなさい」との命令を出した。するとペンシルバニア州議会は確か九日間で修正案をつくって発表、選挙をやり直した。驚いたのは、その新たな修正案には、「最大が六四万六三七二人、最小が六四万六三七一人。最大と最小の差を一人とする」と書かれていた。

当然それはある日の統計を元にした数字の上ではあるのだけれど、そこまで徹底していた。改めて、アメリカが民主主義に対して、ひとかたならぬこだわりを持っていること、人口比例に対して、民主主義とはそういうものだと世界に知らしめた事案であった。

特にアメリカは、住んでいる地域によって黒人が多かったり、白人が多かったりする。地域差を設けてしまうと、おそらくそれが人種問題、貧富の差などさまざまな方面に影響してくるのだと思う。とりわけペンシルバニア州はあの南北戦争で知られるゲティスバーグがあるところである。

違憲状態という言葉は日本の最高裁が〝発明〟したもの ── 伊藤

日本においても、最高裁の判決が徐々に変わりつつある。少なくとも最高裁は、参議院は都道府県の代表ではないと認めた。それから「一人別枠方式」という、都道府県に一人を配置する方式は憲法違反だから止めなさいとも言った。それは国会議員は都道府県の代表ではない、地域代表ではないことを最高裁も認めざるを得ないところまできたことを表している。

最高裁の判決は徐々によい方向に進みつつある。三歩進んで二歩下がる的なところはあるが、それでも三回連続、「違憲状態判決」が出ている。違憲状態の選挙で選ばれた人が、いま、国政を運営しているということ自体、本当は〝異常事態〟なわけである。

違憲状態という言葉は最高裁が〝発明〟したもので、世界にはない。だから、アメリカ人とかドイツ人とか、外国の人に説明できない。英語に直しようがないからである。「ア・ステイト・オブ・コンスティチューショナリティ」とか私はいろいろと苦心して言ってはみるのだが、相手はぴんとこない。

憲法違反のなかで選挙が行われたのはおかしいと、私たちはいま争っている。それは憲法が要請する投票価値の平等に反する選挙だったとは最高裁は認めている。認めてはいるものの、憲法違反状態がいつから続いていたのかといえば、たとえば一年程度前からならば理解できるけれども、すでに是正に必要な相当期間が経過しているわけである。

最高裁は相当期間を経過していないと違憲とは明確に言わない。だが私たちは、相当期間を経過していようが、経過していまいが、その日の選挙は憲法違反だと主張して争っているわけである。

けれども、前述したとおり、その選挙については憲法違反だと最高裁ははっきり言っている。違憲の選挙で選ばれた国会議員だということも、最高裁は認めている。にもかかわらず、それを違憲状態という言葉で誤魔化しているわけである。

もう一つ、選挙無効の判決が出たら混乱が生じるという懸念について言及したい。これも大誤解である。選挙無効の判決が出ても、混乱は一切生じない。

というのは、昭和五一年に最初の違憲判決が出たのだが、その頃とは違って、いまは比例区がある。参議院であろうが、衆議院であろうが、比例区選出議員が残っているから、その人たちだけで三分の一の定数は満たせる。別に選挙区選出議員だとか、小選挙区選出議員が全員無効になって地位を失ったとしても、国会は動くわけである。

そして、何よりも衆議院では解散という制度があることを考えてみればいい。解散とは、ある日突然、全員が地位を失うことを意味する。だが、衆議院の解散によって、この国が混乱するとは誰も言わない。

選挙無効の判決が確定したその日以降、小選挙区選出議員の二九五人が地位を失うだけのことだ。それは衆議院解散よりも影響リスクがないはずである。

それでは無効となった議員たちが成立させた法案はどうなるのか。そんな懸念を抱く人もいるだろうが、無効判決の効力を遡らせなければいいだけの話である。判決とは、普通ならば事件（選挙）の日に遡って判決の効力が生じる。

けれども、最高裁も言っているのだが、別に遡らせないでも、判決以後の期間に限定して、議員の地位を失わせるという判決の手法があり、これを「将来効判決」と言ったりもする。たとえばその判決の二年前の選挙まで遡って無効になると、その二年間にできた法律も無効となり混乱が乗じることになるけれども、それはしないことになっている。

したがって、判決が確定以降、将来に向かって無効、地位を失うに過ぎないわけで、解散と変わらない。

いまある既得権勢力の不都合を変えるための憲法改正草案――植草

自民党の憲法改正草案は、二〇一二年の四月二七日に発表された。私は、「改正」草案と呼ばずに、「改定」草案と表現している。「改正」は「正しく改める」だが、自民党案は正しく改めているものではないからだ。

翌日の四月二八日は、一九五二年サンフランシスコ講和条約が発効した、いわゆる「主権回復の日」であり、安倍晋三氏はこの日を日本の記念日にしようとしたのだと思われる。そしてこの一九五二年四月二八日は岸信介氏の公職追放が解除された日でもある。政治に「私」を持ち込む安倍氏の行動様式がよく表われている。

しかし、四月二八日は、同時にサンフランシスコ講和条約によって沖縄を含む南西諸島が日本から切り離された日でもある。沖縄にとっては屈辱の日なのだ。加えて、サンフランシスコ講和条約第六条が、「駐留軍は日本から撤退しなければならない」と規定したにもかかわらず、その第六条にただし書きが書き加えられて日米安全保障条約が締結され、これが発効した日でもある。この安保条約によって米軍が日本駐留を現在まで続けている。

つまり、日本国民にとっても屈辱の日なのだ。安倍氏はこの日を記念日にしたいと考えていると見られるのである。

自民党憲法改定草案には、利権複合体の各主体にとって不都合な現行憲法の条文を秘かに書き換えていると見られる部分が随所に確認される。私は官僚の「天下り禁止」を主張してきた。たとえば公務員退職後、退職前二〇年間に関与した業界・団体等への再就職禁止を法定化することなどを提案してきた。

自民党の憲法改定草案の第二二条「職業選択の自由」では、「公共の福祉に反しない限り」

という文言が削除されている。天下り規制がかけられないように、職業選択の自由を制限する表現を削除したのではないかと私は判断している。これもひとつの例だが、自民党憲法改定案は利権複合体にとっての不都合を改変したと見られるところが随所に観察される。

新自由主義的な発想が現れる自民党・憲法改正草案――伊藤

いまの憲法では、公共の福祉に反しない限り、人権は保障されるという歯止めがかかっている。公共の福祉という文言は、いまの憲法には一二条、一三条、二二条、二九条の四カ所に登場してくる。

一二条、一三条はいわば人権の総論のようなものだ。すべての人権は一二条、一三条に基づく公共の福祉を受ける。それはたとえば表現の自由でも、他人のプライバシーや名誉を侵害しては駄目だというときの根拠に、一二条、一三条の公共の福祉を使うわけである。

本当は一二条、一三条の公共の福祉だけあれば、すべての人権は一定の制限がかけられるのだが、あえて二二条と二九条でもう一度公共の福祉を言っている。二二条は職業選択の自由で、それは営業の自由というふうに憲法的には言う。これは普通の営業という言葉とはちょっと違って、経済活動なり、企業活動の自由のようなものを意味する。

二九条は財産権の保障の条文になる。その二つだけ、あえて公共の福祉を繰り返したのはやはり〝特別〟な意味があると、憲法の世界では考えられている。それは単に他人に迷惑をかけるという意味ではなく、格差を是正するために、強者の持つ自由をあえて制限することである。

要するに、自由競争をあえて国が政策的に制限して、たとえば累進課税などで、あえて強い立場のところからたくさんお金を取るとか、大規模スーパーが地方にドーンと進出すると地方の小売店が困るので、大規模スーパーの出店に一定の規制を加えるとか、経済的な強者をあえて弱者救済の観点から規制をする。

つまり、格差是正のための政策的な観点から、あえて行う規制である。それを許すために二二条と二九条には、もう一度公共の福祉という言葉を入れたと、私は理解をしている。

ところが自民党の改憲案は、二二条だけ公共の福祉を削ってある。ということは、自由競争万能といった新自由主義的な発想が、ここに如実に現れているわけだ。

植草さんが示した天下りの合法化も同様だ。これまでは、それも公共の福祉、公共の中身を解釈して、天下りをそこで規制する余地があったが、あえて公共の福祉を外すことで、それを規制しづらくなることは確かだと思う。他の人権と同じに、一二条、一三条、一般的な公共の福祉しかなくなったからである。

第９章

教育とメディアリテラシー

統治しやすい人材を育成してきた日本の教育 ―― 植草

伊藤さんが指摘されるように一部の主権者が〇・二人にしか扱われない状況のなかで、選挙が強行される。一人一票が保障されれば、都市部に住む有権者の選挙に行くインセンティブは格段に上昇するから、投票率も上がるだろう。都市部に住む人口が多いから、投票率全体が大幅に上昇する可能性もあるだろう。

本来、小選挙区制は政権交代をもたらしやすい点が期待されて導入されたものである。そして、小選挙区制度の選挙が繰り返されるなかで、二大政党体制が構築されるとの見方も強かった。

しかし、現実には多数の政党が乱立する状況が生じており、とりわけ野党政党の乱立が自公与党勢力による多数議席占有という状況を生み出しており、主権者の意思が正確に政治に反映されないという深刻な問題が浮き彫りになってきた。これを解決するために、自公に対峙する勢力の連帯・共闘が強く求められている。

現状を打破するための方策としてどうしても触れておかなければならないテーマが二つある。一つが教育。もう一つがメディアの問題だ。

日本国憲法はその前文で「全世界の国民がひとしく恐怖と欠乏から免かれ、平和のうちに生存する権利を有する」ことも明記している。そして、第一三条で「個人として尊重される」ことも明記している。「個人の尊厳」を重んじているわけだ。

しかし日本の現実の統治においては、いわゆる中央集権体制下で、すべてを中央が決める仕組みが維持されてきた。霞が関、あるいは永田町がすべてを決めてしまうということだ。

他方、日本人の体の中には、「お上と民の精神構造」が染み込んでしまっている。日本の民主主義は市民革命によって獲得したものでなく、外から与えられたものである。依然として自分たちが主権者であるという意識が希薄であると感じられる。

日本社会が農村共同体をベースに構築されてきたことも無視できない。ムラの掟を破れば村八分の制裁を受ける。そのため思っていることをストレートに表現しない。沈黙が美徳とされ、お上には隷従することが望ましいとされてきた。

こうした歴史的経緯をもつ日本で民主主義を担う個人をどのように生み出すのか。この課題を解決する中核的方策が教育であると考える。

乱暴な整理かもしれないが、教育には「国家のための教育」と「個人のための教育」の二つがあると思う。かつてのドイツの教育は「国家や社会によって教育を管理すべき」とも唱えた哲学者フィヒテの影響を受けたとの指摘があるが、日本の教育も国家が統治をしやすい人材の育成に重きを置いたと思われる。従順、均質、そして勤勉な人材の育成が目指されてきた。

工業を中心とする経済発展が求める国民の組成が目指された。従順、均質、勤勉な国民ほど工業発展に都合のいいものはない。この、工業社会にとって都合のいい人材、そして国家にとっても統治しやすい人材の育成が、一貫して目指されてきたように思う。戦後民主化を経ても、そこは変わらずにきてしまったように思う。

これに対して、個人の受動性ではなく能動性、均質性ではなく多様性、あるいは従順性ではなく自己発現性を重んじる教育がある。海外を中心にシュタイナー教育や、モッテッソーリ教育などの提案と実践も展開されてきている。長い目で見て日本の民主主義発展のために、最も大事なのが教育であると思う。

日本では、学校で使う教科書を、霞が関がコントロールしてきた。文科省が教科書検定を行い、それを強制使用させてきた。しかし、ものごとの正解がただ一つということはない。いつでも正解はいくつも存在する。模擬解答が常に一つしかないという状況に疑問を持つべきである。地方自治の基本は地方のことは地方が決めることだ。ところが日本の地方自治は名前だけで、すべてを中央が決めている。教科書もそうだ。多様性を認める〝自由〟がない。

明治になって強固な中央集権の仕組みがつくられたが、日本の統治の仕組みは、いまは縦型の中央集権だけれども、江戸時代の藩は、一定の自治権、決定権を有していた。

現在の日本の小選挙区は二九五。人口四〇万人程度の藩を新たに二九五つくり、それを選挙区にする。そしてこの藩に強い自主性、自治権を与付してはどうか。教育カリキュラムも、それぞれの地域が独自に組成する。画一性、均質性から多様性へ、国の統治構造を大胆に変革するべきだと思う。

工業社会というのは、言ってみれば模範回答が常にただ一つという社会だ。算数の正解は普通はただ一つで、工業においては算数的な正解、誤差のない状態が望ましい。しかし、多種多様な考え方を持つ〝個人〟の集合である人間社会は、これとは異質だ。模範回答が複数、あるいは多数あるのが自然な社会である。ものごとの特徴は多面的で、ある面を見るとAであるが、別の面から見るとBということは多い。これからの教育では模範解答が複数ある状況を、意図的につくり出すことが必要ではないか。

この意味で、教育のあり方を根本から見直すことが、日本の民主主義を支える個人を育てるために不可欠だと感じている。

多様な教育の土壌があった江戸時代 —— 伊藤

昔から「国家百年の計」と言われてきたが、いまの日本は政治家が教育に対して重きを置かない国だと思う。特に戦後はどうしても経済成長、経済的な発展に重点が置かれてしまっていた。

政治家がテーマとして教育改革に本気に取り組むということは、日本にはなかった。アメリカもイギリスも、首相や大統領になるような人たちは、教育についてとても強い思いを持っているのだが、残念ながら、日本においてはないがしろにされてきた感じは否めない。

ただ、振り返ってみると、教育について日本はとても高度のレベルのものを、江戸時代までは持っていたわけである。教育はもともとプライベートな側面があるので、地域ごとの多様性を持った教育、そしてまた職種ごとの多様性を持った教育が、実は江戸時代までは行われていた。藩ごとの学校があったり、寺子屋のようなものがあったり、それぞれの職業に応じて、また地域に応じて、個性的な教育が多々あった。

特に開国してからは、蘭学を学んでみたりとか、長崎に行ってみようとか、まさに日本には多様な教育の土壌があったわけだし、しかもそのレベルは相当高かった。数学などもそうかもしれなかったし、もちろん文学的なものも哲学的なことも含めて、非常にレベルの高い教育水準に、日本はあったと思う。

そこには多様性が存在していた。いまから振り返れば、それはとても価値のあることであったが、明治政府ができて、明治維新を富国強兵政策によって推し進めなければいけなくなったときに、強い兵隊をつくる、そして強い画一的な工員、工業社会の労働者をつくる、工場での労働者をつくっていくという国家的な要請が生まれてしまった。

その富国強兵という国家を中心とした近代化の下では、かえって教育の多様性が阻害要因になってしまうからであろう。そこで画一的、均一的な内容の教育を、国家が中心となって上から下に向かって押しつけていった。それが公教育制度の名の下で行われた。

私たちは勉強は学校でするというイメージを持つが、それは明治維新後の話で、もともとは地域や家庭で、それぞれの勉強、学習があってよかったわけである。海外にしても、もともと教育は豊かな家庭が特別に家庭教師を雇っていたのがはじまりだった。

富国強兵の下に均一的で画一的な公教育制度が敷かれてから、まだ一〇〇年ちょっとしか経っていない。しかもそこでは同じ内容の教育をしていかねばならないことから、国が教育内容をコントロールする仕組みではじまった。当初は富国強兵だったのが、軍国主義のなかで強い軍人をつくっていく要請もあって、日本は皇民化教育にかなり毒されてしまった。さらに皇民化教育で思想まで押しつけられてしまい、あの戦争に突っ込んでいってしまった。

したがって、戦後の教育は大いに反省をして、本来この国にあった多様性に満ちた教育に戻ればよかったと思う。けれども、戦後の工業化社会を推し進めていくための教育という要請が産業界から強くきたこともあって、どうしても多様性に満ちた、そこへの配慮をした本来の教育に戻れなかった。と言うか、それを取り戻すことができなかったわけである。

その結果、戦前と同じような画一的な、均一的な、また勤勉さ、そして知識の習得を重視する教育体制が敷かれた。自分の頭で考えるということは、結局、先生の言うことに文句をつけることになる。自分の頭で考えないで、言われたことを素直にやってくれる、そういう人間を育成する教育で戦後ずっときてしまった。

それが高度経済成長を確かに支えてきたという面もある。高卒でなくとも、立派な工員として、立派な職人として、工場で仕事をすることができたように、その面での教育は成功したわけであった。

だが、均一的な、画一的なところが重視されたものだから、結局、戦前の教育への反省が何もなされないまま、戦後に引き継がれてしまった。

たとえばその典型例としては、軍国主義教育、軍事教練のスタイルをそのまま戦後も残してしまったことであろう。「前へならえ、右向け右」。運動会になれば、軍隊行進を強制するかたちで、教師の側もなんの疑問もなく、軍事教練によって導入された軍隊行進等々のスタイルをそのまま引き継いでしまったわけである。

それも含めて、画一的に生きることが正しい生き方だと教えたため、その規格に合わない子どもたちを苦しめていった。変わり者、変人、わがままといった言葉で、規格外の本来才能を持っていたであろう人たちを潰していったところもあったと思う。

それも工業化社会で企業を豊かにしていくことが、国が豊かになることにつながるという発想があったからである。

G7で教科書を検定しているのは日本のみという現実――伊藤

敗戦から一九四〇年代後半までは、憲法の理念に忠実な教育がなされていた時期があったのは、先に述べたとおりだ。当時は有名な『憲法の本』や『あたらしい憲法のはなし』といった副読本があったり、高校の教科書として文部省出版から『民主主義』という教科書が出版された。

最近、幻冬舎から『民主主義』復刻版を私の知り合いの編集者が出したが、改めて読むと、その素晴らしさに驚きを禁じ得ない。

だが日本にとって民主主義を学べる時期はあまりにも短かった。アメリカの支配が強まり、日本の再軍備がはじまっていったからだ。労働運動などを弾圧していくレッドパージの流れのなかで、思想統制を含めながら、教科書内容に国が口を出していった。いわゆる「教科書検定」がより強化されていったのだ。

現在、G7参加国で教科書を検定しているのは日本だけである。教科書の多様性イコール教育の多様性にもかかわらず、日本は画一的な教科書による教育を続けている。しかも国の検定という、一種の検閲を通ったものしか認めていない。

それはやはり、この国の教育を駄目にしている大きな理由の一つであろう。最近ようやく自由な頭で考える教育、人間力を鍛える教育などと言われるようになってきたけれど、教科書を国が検定している間は、そんなことが実現できるわけがない。

教科書検定の一番の問題についても、私は、「国民の無自覚」に収斂《しゅうれん》すると考えている。知ってのとおり、中国は国定教科書をつくって、反日、抗日の内容を徹底的に教えている。けれども、学校でそういうことを教わっても、大人になって日本にきたり、いろいろ自分で学んでみると、それがおかしいことに気づく。だから中国政府が国定教科書という一方的なものを押しつけることによって、逆に心ある中国人は、あれは国が押しつけたもので、真実ではないことを気づく機会を得るわけである。

ところが日本人は素直だから、教科書検定をパスした教科書に書いてあることが真実だと、つい思い込んでしまう。それである意味では洗脳されてしまって、戦争責任についても、自分の頭で考える機会すら奪われてしまうという状況がずっと続いてきたのだと思う。

やはり教育の多様性、そして個人を基礎にした教育をきちんと築き上げていかないことには、主権者として立ち行かなくなってしまうだろう。主権者教育を、この国はやってこなかったのが最大の原因である。なによりも憲法を教えてこなかった。

残念ながら、この国の支配政党である自民党が、憲法を〝嫌悪〟してきたという非常に不幸な政治状況がそれを招いてしまった。通常、どこの国でも、その国の憲法を尊重するという教育が基本にあるはずだが、日本は憲法教育をむしろ偏向だと攻撃をして、日本国憲法の価値を教えてこないできた。

ということは、当然、立憲主義も教えてこなかった。当然、主権者教育もしないできた。まさにお上に従順に従うことがよい生徒。学校の先生に従うのがよい生徒。ということは、権力に従う、強い人に従うことが正しい生き方であるということを、生徒は学校のなかで刷り込まれてきたわけである。

先生に対して歯向かったり、先生が言っていることは違うではないか、などと言おうものなら、大変な目に遭わされる。権威や権力には従うものだ。強いもの、長いものには巻かれろ。

強いものには従っていたほうが安全だ。そうしたことを学校教育は行ってきた。

体育会系の部活などでも、先輩に楯突くとひどい目に遭う。そういうクラブ、運動部のなかでのいじめや体罰も含めて、まったく本来、憲法が目指す教育と逆のことが行われてきたわけである。

これは学校の先生たち、日教組も含めてだが、憲法が重要とか言いながら、憲法を何も知らない人たちが教えているのが現状である。憲法と言えば九条で、差別はいけない、人権は大切であるとか、その程度で終わってしまっている。

先生たちの熱い思いはわかるが、これまできちんとした主権者教育が行われてこなかったのはとても残念である。

民主主義とは権力を監視し続けることである——伊藤

先に紹介したアメリカの小学校低学年向けの法教育の教科書を見ると、そこでデモクラシーとは何か、レスポンシビリティとは何か、プライバシーとは何か、さらにオーソリティとは何かという四つを教えており、感嘆するしかなかった。

特に民主主義のところでは、「将来、あなたたちが大人になったときに、政治の代表を選ぶことが民主主義ではありません。その人を〝監視〟し続けることが民主主義です」と教えている。権力を監視し続けることが民主主義であることを小学校の低学年の段階で教えていく。この彼我の差、この違いはすごいと思わざるを得ない。

アメリカには嫌いなところもあるが、いいところもいっぱいある。時々一方に大きく振れることがあるけれど、また戻す復元力がある。そういう本来の国としての、また市民としての力を保持しているわけだ。二〇〇一年の「愛国者法」制定のときのように、間違って突っ走ってしまうところもある。だが、それを戻そうという力も、また働いて、バランスをとっていく。日本は教育のなかで多様性を教えていかないものだから、一方に大きく振れると、際限なく行ってしまう。

時々、政治家が不祥事を起こして、「国民の皆さんの信頼を裏切ってしまい申し訳ありません」などと謝っているが、そもそも民主主義とは、先に述べたように、政治家を信頼しないところからスタートしているわけである。

不信感、懐疑心、そして猜疑をもって権力を見る。政治家に対しては、そういうスタンスでいなければならない。それが民主主義の基本であって、それを教えるのが教育のはずである。だが、日本ではそこがまるっきり抜け落ちてしまっている。偉い政治家の先生の言うことに従っていれば、なんとかなるという感覚で、ここまできてしまった。

一向に変わっていない高校、大学の教育――伊藤

「自立」と「自律」という二つの「じりつ」した市民を、教育のなかで伝えていくことが必要

だと、私はいつも説いている。そして個人個人が幸せになって、憲法価値を実現するために教育は存在するということである。

だが、第一次安倍政権のときに、「国家の形成者を育成することが教育の目的である」と教育基本法が変えられてしまった。一条の目的が変わったのである。また愛国心も教えることになった。それでも前文の「日本国憲法にのっとり」というところだけは残った。本当に首の皮一枚、日本国憲法の価値を教育現場で教える根拠が、新教育基本法のなかにはある。

外国もそれぞれの国で、教育問題に悩んでいる。どの国の教育がいいのかは一概には言えないけれど、どう贔屓目に見ても、日本の教育は甘い。

ＰＩＳＡ調査（Programme for International Student Assessment）と呼ばれるＯＥＣＤ（経済協力開発機構）が加盟各国の学習レベルを計る基準があって、かつての日本はトップクラスの常連だったが、一時期、ずいぶん下がってしまった。

特に読解力や数学の能力が落ちたのを受けて、文科省がてこ入れをして、いまではかなり復活してきた。

したがって、小学校、中学校あたりの教育は、だいぶ改善されつつある。少子化を受けて少人数教育ができるようになって、少しずつ小中の教育は改善されつつあるわけだが、その一方で、高校、大学の教育は一向に変わっていない。特に大学は未だに、入学は難しくて卒業は簡単と昔から言われてきたままだ。

とはいえ、昔に比べると、大学生はかなり勉強するようにはなっている。私の頃は、大学はレジャーランドという言葉が跋扈《ばっこ》していたぐらいであった。

ところが昨今では、就職で企業側が学部成績をだいぶ考慮するようになったらしく、大学生は真面目に勉強するようにはなった。ただその勉強は、真面目に先生の言うことを一生懸命ノートに取って、期末試験でいい点数を取るという勉強でしかない。主体的に批判的にものを考えていく勉強は、まだまだ浸透していない。

教育が目指すべきは、「考える」ことと「主張する」こと——植草

一時期、ゆとり教育で学力達成レベルが下がったと言われたが、日本の教育は学力達成レベルでは、それなりの成果をあげてきたと言える。しかし、伊藤さんが言われた、自分の足で立つこと、自分で律することという二つの「じりつ」は極めて不十分だ。

日本の教育がこれまで重視してきたのは、「覚える」と「従う」だ。しかし、本来の教育が目指すべきものは、「考える」と「主張する」だと思う。

「国家のための個人」の基準で考えれば、「考える個人」も「主張する個人」も目障りな存在でしかない。教えたことをよく覚え、言われたことに素直に従う個人こそ国家にとっては都合のいい存在である。

「国家のための個人」という基準に照らせば、これまでの教育は優れたものであった。そして

それが長きにわたって踏襲されてきた。明治維新で導入された教育の考え方が、現在まで引きつがれている。

敗戦直後の一九四五年から四七年の極めて短い期間のみ、「個人のための国家」の考え方がベースに置かれかけたが、具体的成果が生み出される前にこの時期は終焉してしまった。『あたらしい憲法のはなし』や『民主主義』だけが日本記憶遺産のように光を放つ存在として遺された。

一九四七年以降は思想統制が強まり、多様性は害悪とされ、民主主義の主張には「アカ」のレッテルが貼られるようになった。これは個人の抑圧、自己発現の否定だった。「考える」ことを止めさせて「覚える」を強制する。「主張する」を許さず「従わ」せる。これが現在まで続いてきてしまった。

個人のための国家を実現するには、これまでの「優等生」とは真逆のタイプの人間を意図して増やしていくべきだ。考えることを、そして、発言することを奨励してゆくべきである。

すべてを疑うことからはじめる――植草

いまの日本では、考え、主張する個人は、うとまれる。しかし、民主主義を育むためには、このうとまれる個人が必要である。選挙の際の公約にこの教育思想のコペルニクス的転換を掲げるべきだと思う。

経済も大きく変化している。経済のサービス化、脱工業化が進み、画一性、均質性よりも多様性、独自性が重要になっている。「多様性の尊重」から新しい価値を生み出す「創造」がもたらされる。求められる人材も従来型のよく覚えて従順に従う者ではなく、考えて主張する者に変化しているのではないか。

塩野七生さんは『ルネサンスとは何であったのか』という本のなかで、「ルネサンスを一言で表わすとすれば、すべてを疑うこと」と書いている。暗黒の中世を打破したルネサンスは、暗黙の前提で刷り込まれていた価値観、価値基準を素朴に見直してみる。一度疑ってみるというところから開花したものだと言う。いま、日本の主権者に求められているのが、すべて疑うことだと思う。すべてを疑い、自分の目でものを見て、自分の頭で考える。

与えられたものをよく覚え、何も考えずに従うのが優等生だったが、この価値基準をまずは疑ってみることだ。

伊藤さんが言われたように、「教育を変え、人間を変え、国を変える」ことは、まさに「国家百年の計」で非常に時間のかかるプロセスだと思うが、それをいまはじめなければならないと思う。

もう一つ、重要な問題がある。メディアの問題だ。お上の教えをありがたく拝受し、よく覚え、素直に従うことを美徳とする日本。情報との接し方についても、同じことが言える。

日本では、人と異なる意見を持つこと、人と異なる行動を取ることがネガティブに受け止められる傾向が強い。この風土を排して、人と異なることは〝美徳〟であるという〝空気〟を生み出さないと、新しい、よいものは出てこないと思う。

日本では、村社会の行動習慣の名残りなのだろうが、人と異なる意見を言わない、人の顔色を見て、自分の意見を合わせる人が多い。小学校で、「これに賛成の人」と手を挙げさせると、全員が一斉に手を挙げるのではなく、周囲の様子を見てそれに合わせるように五月雨式に皆が手を挙げることが多い。手を挙げる人がいないと見ると誰も手を挙げない。

自分の頭で考え、自分で判断し、主張するのではなく、常に周囲の動向を気にして、そのなかで目立たぬように、自分が周囲に溶け込むように行動する傾向が強い。

より〝鮮明〟になっているNHKの政治権力機関化——植草

このような行動様式を持つ日本人であるから、政治行動におけるマスメディアの影響は大きい。日本のマスメディアはすでに述べたように一六社体制と呼ばれる。五系列の全国放送と全国紙発行会社を合わせて一〇社。これ以外に地方ブロック紙を発行している三社がある。これに地方紙にニュースを提供する通信社二社とNHKを加えて一六社になる。

この一六社によって、日本の情報空間がほぼ〝占有〟されていると言っても過言ではない。

このうち中日・東京新聞系列、北海道新聞などは、例外的に権力に対する批評精神を発揮することがあるが、日本の情報空間を支配する一六社体制は全体として権力の広報部隊、情報統制機関としての性格を強く帯びている。

本来は民間のスポンサー収入に依存しないＮＨＫが中立、公正な情報を提供する役割を担うはずだが、ＮＨＫの政治的偏向が著しく強まっている。ＮＨＫを完全な国営放送であると勘違いしている人はＮＨＫが左寄りであるなどという批判を示すことがあるが、ＮＨＫ問題の本質はＮＨＫの大本営化である。

一九四五年から四七年の占領初期に、ＧＨＱによる日本民主化政策の一貫としてＮＨＫの政治からの独立性確保に向けての抜本制度改正の動きがあったことについてすでに触れた。放送委員会を設置し、全国から選挙で選ばれた放送委員によって放送委員会を運営することが提案された。ＮＨＫを政治権力から切り離す放送委員会設置法案は大綱までつくられたが占領政策の「逆コース」によって立ち消えになった。この経緯については武田徹氏の『ＮＨＫ問題』（ちくま新書）に詳しい。

結局、一九五〇年に吉田茂政権の下で電波三法が制定され、「政治権力下」のＮＨＫを規定する「放送法」が施行された。

放送法はＮＨＫの人事権を内閣総理大臣に付与している。内閣総理大臣が経営委員会の委員を任命し、その経営委員会がＮＨＫ会長を任命する、ＮＨＫ会長は経営委員会の同意を得て、理事や副会長を任命するという規定になっている。

経営委員会委員の任命に際しては、「公共の福祉に関し公正な判断をすることができ、広い経験と知識を有する者」という条件がつけられているが、安倍首相はこの規定を無視している。内閣総理大臣の人事権を濫用してNHKを支配する現状はNHKの私物化と言うより他ない。

「みなさまのNHK」でなく「あべさまのNHK」――植草

NHKの人事と予算は、政治権力に握られている。人事権は内閣総理大臣にあり、内閣総理大臣が権力を濫用すれば、NHKはいとも簡単に政治権力に支配されることになる。NHKの収支予算は総務大臣に提出され、国会で承認を受けなければならない。

NHK予算の国会承認は、全会一致が通例だが、最近は野党の反対により、与党のみの賛成で承認されている。こうしてNHKは政治権力の顔色だけをうかがうことになり、「みなさまのNHK」ではなく、「あべさまのNHK」になってしまう。

これに対して、NHKの放送受信者はどのような影響力を行使できるのか。NHKの収入は、放送受信契約に基づく受信料に支えられている。現在の放送法は、放送を受信できる設備を設置した者に、受信契約の締結を義務づけている。

受信機であるテレビ・ラジオを設置すれば、NHK放送を受信できる。受信契約が結ばれずに勝手に放送が受信されることはNHKの財産権侵害に該当するから、受信機を設置した者に受信契約締結を義務づける。この理解だ。

しかし、放送技術が進化して、電波にスクランブルをかけることにより、受信契約を結んでいない者が放送を受信することを不可能にすることができるようになった。

ＮＨＫ放送を受信する意思がなく、ＮＨＫ放送を視聴しない人に、テレビやラジオの受信機を設置しただけで受信契約締結を強要し、受信料支払いを強制することこそ、日本国憲法第二九条が保障する財産権の侵害であるとの声が拡大している。この点を踏まえて受信契約締結を「任意制」に移行させるべきだと考える。

つまり、ＮＨＫと受信契約を結びたい人だけが放送受信契約を締結する方式に移行させるのだ。こうなるとＮＨＫは、契約締結者である放送受信者、すなわち「みなさま」のほうを向かざるを得なくなる。「あべさまのＮＨＫ」から「みなさまのＮＨＫ」に変わらざるを得なくなる。これがＮＨＫのあり方を根本的に変えるための決定打になるはずだ。

しかし、現状でＮＨＫは「あべさまのＮＨＫ」に堕し、民間マスメディアは、その収入構造から「業」の支配下に置かれている「米・官・業・政・電」利権複合体のための情報統制機関に成り下がってしまっている。

この環境下で、自律性と自立性を持っていない個人、ものごとを疑い、自分の目で見て自分の頭で判断する習慣を身につけていない個人が、偏向したマスメディアの情報に接してしまうと簡単に誘導されてしまう。日本の政治状況を変えるためには、教育とメディアの問題に抜本的に取り組む必要がある。

子どもにニュースを見せないというメディアリテラシー――伊藤

メディアに風穴を開けるのは、本当に重要なことだと思う。先ほどの教育ともかかわるのだが、主権者教育、市民教育をきちんとしていくことイコール、メディアリテラシーを磨くことになるからである。

テレビや新聞に書いてあることは、必ずしも真実ではない。政治的な中立と言いながら、実はそこにはかなり主観が入っており、新聞の紙面も主観によってニュースが選び出され、その重要度も主観で決められる。もちろんテレビのニュース、番組の編成などは実は企業の主観に基づいて行われている。

決して客観的な事実そのものがニュースになっているわけではないことを含めて、やはりメディアリテラシーがこれからの教育において極めて重要となってこよう。主権者教育に本質的に重要なのは、リーガルリテラシーとメディアリテラシーだと思う。

私は子どもの頃にドイツに住んでいたが、その後、当時のドイツ人の友人が大人になって、子どもが生まれた。彼との会話のなかで、子どもにテレビを見せるかどうかみたいなことが話題になった。

そのときに彼は、「子どもにはニュースは見せないよ。アニメやドタバタ的なお笑い番組は見せるけれども、ニュースは絶対に見せない」と言った。

私の発想とは逆だった。日本の親は子どもに対して、「アニメばかり見るんじゃない。テレビを見るなら、ニュースぐらい見なさい」。これがマジョリティであろう。

ところが彼は、アニメやお笑いは見ていいけれど、ニュースは見ては駄目だという教育を子どもに施しているという。不思議だったので理由を聞いて、なるほどと納得した。

小さな子どもでも、マンガだとかアニメはつくりものだとわかる。ところがニュースはそうはいかず、これは真実だと思い込んでしまう。だから、ニュースを見たときに、それを疑ってみる、批判的なものの見方が、子どものなかにできるまでは見せないわけである。

これはすごいなと思った。そうやって家庭のなかでもメディアリテラシーを意識して、番組を選択している。その大前提には、ニュースで取り上げられるものは、必ずしも真実ではないという心持ちがある。

日本人はまったく逆だ。そのニュースが真実であることを前提に、親が子どもにニュースを見させようとしている。また場合によっては、試験問題などで覚え込ませたりするわけである。試験に出るからなどと親が子どもにニュースを見させる日本とでは、根本が違うわけである。

第10章

ゆっくり急げ！

日本でエリート教育ができない理由――伊藤

ＮＨＫの位置づけは大問題である。よい表現と悪い表現を自由に戦わせれば、よい表現が自然に淘汰されて残るはずだ。私たちはこれを「思想言論の自由市場」と言ってきた。

これはよい表現、これは悪い表現だと、あらかじめ国が決めて規制すべきではない。どんなよい表現も、悪い表現も、その表現を言論空間にまず出すべきである。そこで皆で評価すれば、自然とよいものが残るはず。事前に善し悪しを国がチェックしてはいけないという発想である。

このように私はずっと表現の自由の重要性を主張してきたのだが、最近はその自由市場が、資本主義の影響を受けている。要するに、スポンサーがよしとする表現しか認められない、自由に表現ができない状況になってしまっている。

新聞社、テレビ局が広告収入で経営を維持している以上、スポンサーや場合によっては株主の意に適うような表現しか出てこなくなっている。つまり、よい表現と悪い表現を戦わせる空間自体が、そもそもなくなってしまった。

先ほど、国家のための個人という教育の中身、本質のところの話があった。覚える、従うを日本は重視してきてしまって、考える、主張することをないがしろにしてきた。国家のための個人を育成したかったからだけれども、本当は考える、主張することをきちんと教育してこないのは、国家のためにすらならないと思う。

自分の頭で考えて主張できるリーダーがいる下では、付き従う人たちは、覚える、従うでもいい。本当のいい意味のエリート教育、リーダー教育がきちんとなされている国ならば、国家と個人のように二分化して、リーダーは考える、主張する教育を受けて、市民のほうは覚えるとか従っていればいいのだと思う。エリート教育がある国では、それで一応国家は維持されてきた。

ところが、日本ではそうしたエリート教育はなされない。本当の意味でエリート教育がなされず、それは不平等だみたいななかで、全員が覚える、従うの教育を受けてきた。そのなかから東大生が出て、そのなかから官僚になる人が出て、政治家になる人が出てくる。上から下まで全員が覚える、従うの教育しか受けていない。これでは、国家として立ち行かなくなるわけである。

国家のために個人を従わせよう。それだけの教育をしてくると、これは国自体の滅亡の道を歩んでしまいかねない。だからこそ教育は百年の計であって、その時々の政治家には都合が悪いかもしれないけれども、批判精神を持った市民、国民を育成していくことは、実は国家の存続においても極めて重要なことなのだ。

自民党の改憲案などは、まさに天皇を戴く国家という、同じ価値観、同じ方向に向かった同質性の高い日本国民をつくり上げていく国家を目指している。

けれども、それと多様性が保障されている社会と比べたときに、極めて同質性の高い社会は、確かに同じような人たちが集まってカチッと固まった固さはあるかもしれないが、すぐにポキンと折れてしまう脆さを私は感じる。

それに対して、多様性が認められる社会、多様な人材がうごめいている社会は、確かに固い強さはないかもしれないけれど、しなやかで柔軟であり、むしろ強さ、変化に対応できる。ググッと曲がっても、また元へ戻る復元力があったりする。

だから、よく国益や日本の国のことを考えて、同質性の高い社会を目指せなどと言う人たちこそ、「国賊」で「売国奴」ではないかと私などは思ってしまう。

多様性を認め合える外国の人の声や意見を含め、老若男女、何から何まで多様性が認められる社会が、実は個人の幸せとともに、社会や国家の組織としての強さにもつながるわけである。

最近、企業が多様な人材を活かすダイバーシティ経営に注目していると聞く。ただそれはあくまでも企業の成長戦略に留まり、社員一人一人の幸せのためのものではない。多様性があったほうが企業として成長するのではないか。ようやくそこに気づくようになった程度なのだろうが、決して悪いことではないと思っている。

問題はやはり日本のメディアが、広告で牛耳られてしまっていて、結局、批判がなかなかできないことだ。そんななかで、私たちは政治家に対してのみ批判的に見るだけでなく、メディアに対しても批判的な視線を送る、そうした技術、能力、要はメディアリテラシーを高めていかねばならないとつくづく思う。

インターネット上で強化されている権力側のコントロール —— 植草

日本の情報空間は、特定少数の巨大資本と国家権力を背景にした報道機関、あるいは情報機関によって、かなり支配されてしまっている。

このなかででも、私たちは人々に本当のことを伝えていく必要がある。限られた手段に何があるのか。結局はインターネット、単行本、そしてこれらを媒介にした口コミを活用して情報を広げていかなければならない。

既得権勢力の側では、一六社がマスの情報空間を支配するとともにインターネットの領域でも支配権を強化している。さらに刑事訴訟法の改定で通信傍受も一気に拡大されている。利権複合体が投入するマネーとマンパワーは強大で情報空間の支配は全面的な広がりを示している。

伊藤さんが、ドイツの友人がきちんと批判的な目でニュースに接するような力を持つまでは、子どもにニュースは見せない、ニュースに接することをさせないと話された。これに対して日本の大人は子どもに、始めからニュースを見なさいと教育する。しかし、そのニュースが汚染された情報満載なのである。

他方、インターネットの世界でニュースに接する場合、大多数の人がグーグルやヤフー、あるいはマイクロソフトなどが提供するニュース一覧サイトを利用する。パソコンの設定がそのようにセッティングされていることも多い。

しかし、このニュース一覧サイトが人為的に編集されている。利権複合体が、意図を持って情報を操作しているのだ。一覧の中で大きく取り扱うニュース報道に著しい偏りがある。極めて重要なのに排除されるニュースがある一方、本来は重要でない情報が不自然に大きく取扱われることもある。

「BLOGOS」という名のオピニオンサイトがあり、私も当初は依頼に応じて記事提供を了承したが、記事の選択があまりにも恣意的であると感じて記事提供を中止した。私たちはインターネット情報の「偏向」という事実を十分に認識しておく必要がある。

同一素材のニュースでも、記事タイトルによって読者が受け取る印象が著しく変わる。インターネットのニュースサイトは、ニュースの選択、「見出し」の選択で人々を特定の方向に誘導でき、実際に誘導していると見ておくべきだ。インターネットの情報空間においても既得権勢力が当然のことながら情報操作していることを、私たちは十分に認識しておく必要がある。

既得権勢力に対峙する主権者の側のポータルサイトが必要 ―― 植草

しかし、そのインターネットの情報空間のなかに、良質な、真実の情報が存在することを忘れてはならない。この良質で重要な情報をどうやって有効利用、最大活用していくかが課題である。

私は、優良情報を多数の主権者国民に伝達するために、こちら側のポータルサイトを構築することが必要だと考えている。ポータルサイトとはグーグルやヤフーなどが提供する、インターネットにアクセスする際の「入口」になるウェブサイトのことだ。

全国放送のテレビは、一％の視聴率で一〇〇万人への伝達を達成する。一〇％なら一〇〇〇万人だ。その威力はすさまじい。これに少しでも対抗するには、こちら側のポータルサイトが必要なのだ。

オールジャパン平和と共生は、平和と共生の政治実現を目指す主権者と政治勢力の連帯を呼びかけている。一つ一つの支流は小さなものでも合流すれば大河になり、やがては大海になり得る。連帯の輪を広げて、インターネット上に共有できるポータルサイトをつくる。この意義は極めて大きいと思う。

バラバラに発信されている良質な情報源を網羅する情報中継のプラットフォーム、ベースキャンプをつくるということだ。良質な情報が一つにつながれば巨大な威力を発揮するだろう。これを実現できれば、マスメディアに対抗する一定の影響力を確保する。

同時に、主権者自身が立ち上がって行動するという運動が重要になる。「オールジャパン平和と共生」では「安倍政治を許さない！」主権者、「平和と共生」の政治実現を目指す主権者の連帯運動である。

原発再稼働・憲法破壊、ＴＰＰを許さない！　辺野古基地・格差拡大を許さない！　平和と共生の政治実現を目指す運動である、国勢選挙での主権者二五％の結集を基礎にして上積みを図り、主権者勢力による政権樹立を目指す。

共産党抜きの主権者勢力結集はあり得ない――植草

政策を基軸に、党派にこだわらず、主権者が主導して選挙でこちら側が議会多数議席を獲得し、平和と共生の政治実現を目指す。

何よりも大事なことは、基本判断を共有する主権者が「小異を残して大同に付き」、選挙で多数議席を獲得することだ

敵は利権複合体であり、お金とマスメディアを握っているから、打倒することは容易でないはずだ。何しろその頂点には世界支配を目論む強欲巨大資本が位置するのだから。勝つために必須の条件は「連帯」である。

七月一〇日の参院選では、三二の一人区が勝敗のカギを握る。この三二の一人区で自公候補を一人でも多く落選させることが日本政治刷新の第一歩になる。幸い三二の一人区すべてで野党四党候補一本化が実現した。これを主権者が支えて当選を勝ち取らねばならない。

民進党のなかに共産党との協力に反対する勢力が存在するが、この勢力は、原発、憲法、TPP、基地、格差の基本問題に対する政策公約に反対しているのだ。つまり、この勢力は基本問題についての政策で、野党勢力ではなく自公と一致しているのだ。そうであるなら、民進

を抜けて自公に行くべきだ。そのほうがはるかにわかりやすい。

安倍政権が何よりも恐れているのは、政策を基軸に、安倍政治に対峙する主権者と政治勢力が結束する、連帯することである。この視点から捉えると、民進党の中に、自公と同じ主張を示す勢力が残存し、共産党との連携を妨害することは、安倍政権にとって誠にありがたいことである。「民共合作キャンペーン」による野党攻撃活動の最大の協力者が民進党内部で共産党との協力を批判する勢力であると言える。

北海道五区の衆院補選の終盤、池田真紀陣営で野田佳彦元首相などが街頭演説した。この結果、安倍政権対峙勢力のなかに「隠れ自公派」が存在し、その勢力が前面に立ったので池田氏への投票をやめたと考えた人が多数生まれただろう。主権者の側においては、いまの民進党のなかにいる「隠れ自公派勢力」に対する嫌悪感が非常に強いと思われる。

二〇〇九年に誕生した鳩山政権を、崩壊させた最大要因の一つは菅直人氏と野田佳彦氏による消費税増税強行決定である。そして、鳩山政権を破壊した民進党内の「隠れ自公派」と呼ぶべき勢力が、本当の意味での野党勢力結集を妨害している。

この勢力が実は安倍政権の存続を支える極めて重要な役割を担っているということになる。つまり「野党」の衣をまとってはいるものの、内実は「トロイの木馬」であるというのが実情に近い。

参院選の三二の一人区で主権者は野党統一候補の当選に全力を注ぐべきだが、それ以外の選挙区と比例代表選挙では、五つの基本問題に対する政策公約を基軸に投票先を選定するべきである。

共産党は三二の一人区で候補者を一人に絞らなければ安倍政権を後退させられないと判断して、候補者一本化を牽引した。その共産党を排除せよというのは筋違いもはなはだしい。また、野党共闘成立への小沢一郎氏の貢献が大きかったのも事実である。

政策を軸に、「安倍政治を許さない！」主権者勢力の結集を目指すときに共産党を排除する選択はあり得ない。排除されるべきなのは、民進党内部に居座る、安倍政権と基本政策を共有する勢力であり、この勢力の自公側への移籍実現が日本政治刷新の起爆剤になると考えられる。

本当の決戦は年内にも実施されるかもしれない次の衆院総選挙だ。この選挙では、党派にかかわらず、五大基本政策についての政策公約を基軸に一選挙区一候補を主権者が主導して絞り込み、その候補者の全員当選を目指す。オールジャパン平和と共生はそのための情報提供と基本戦略の提供に力を注ぎたいと思う。

選挙は主権者国民が候補者に対して覚悟を問う真剣勝負の場——伊藤

間接民主制の下で、現実に私たちが権力を動かせる、唯一の方法が選挙である。もちろんデモや集会や二〇〇〇万人署名等は極めて重要だし、裁判も重要だが、実際に政治を動かすのは選挙である。選挙の重要性は決定的に他と違う。

何度も言うけれど、憲法で認められた一票は、大企業の社長、労働者、主婦も同じ一票だ。一票の価値に差異があるという現実はあるとは言え、それでもこの制度の下、選挙で政治を動かしていくのは唯一絶対の方法である。

「隠れ自公」をあぶり出していくためには、候補者すべてにアンケートを出して、その結果を私たちの仲間に公表すべきであろう。先ほどの五つのテーマに対して、どういう考えを持っている候補者なのか。それについては、私たち選挙権を行使する者には知る権利があると同時に、知る義務もあるからだ。

それが国家のための個人か、個人のための国家か、私たち一人一人が、どちらを目指していきたいのかの意思表示をする上では、これら政策テーマについて候補者一人一人の考え方を知った上で投票することは極めて重要である。

さまざまな考え方があると思うし、さまざまな組み合わせ方もあると思うが、主権者たる国民はこの情報を知る責任があるし、候補者はそれを明らかにする責任がある。

もしこれに答えられないのであれば、それはその時点で代表者、主権者国民の代表としてふさわしくないという判断をすべきだろう。

またこれを貫く意思があるかどうかも重要だ。単にいまの時点でどうかでなく、仮に政党と考えが違ったときに貫く意思があるのかも含めて、そのあたりの覚悟を聞く必要がある。覚悟を見せてもらうことは、ものすごく選挙の場面において重要な意味を持ってくるからである。

選挙は私たち主権者がその候補者に対して、一人一人の覚悟を問う真剣勝負の場でなければならない。この国の主権者は官僚でも、国会議員でも、グローバル大企業でも、大手メディアでもない。

一人一人の市民が主権者である。したがって、主権者として真剣勝負するためには候補者たちの覚悟を問う、そういう選挙でなければいけない。それを繰り返していくのが民主主義なのだと思う。そんなときに、共産党が過去にどんな政党だったかとか、何をやったかとか、それは本当に些細なことでしかない。過去をとやかく言うような場面ではまったくない。

あきらめず「ゆっくりと急げ！」の精神で――伊藤

二〇一五年九月一九日、採決強行で「安全保障関連法」が成立してしまった。そしてこれまで話してきたように、さまざまな問題において、本来、個人のための国家でなければならないところが、国家のための個人のような政策が事実上、打たれてきている。それは一人一人の個人にとっては、一見ピンチにも見える。けれども、こういうときにこそ私たちは学び、気づき、そして主体的に行動する。そういう大きなチャンスだと私は思っている。

安倍政権がこんなひどいことさえしなければ、大きな政党に従っていれば、そこそこ幸せに生きていけるだろうと、あまり声をあげる必要性も感じなかったんだろうと思う。

だが、安倍政権の方向性が明確になってきたため、私たちは、これではいけないと気づくチャンスを得たわけである。また、学ぶチャンスを得た。行動する、主体的に声をあげる、そして選挙に行って意思表示をする。そういうチャンスを、得た。

ということは、いまは一見ピンチに見えて、実はチャンスだということである。

そもそもチャンスかピンチかは、いまの私たちにはわからない。ここでわれわれが取った行動に対して、一〇年後のみんなが、一〇年前を振り返って、どう評価をするかに過ぎない。

私たちは常に未来から見た過去を生きているわけである。だから過去の評価は、生きている私たちが決めればいい。逆に言えば、未来から見たところの過去である現在の評価は、未来の人たちが決めることになる。

したがって、私たちがいまを勝手にピンチだと思い込む必要はまったくない。むしろ、これは都合よくチャンスだと思い込んで行動したほうが、よほど現実的に、夢と希望を持って、力を持って行動できるはずだ。

そのときに大切なのは、「Festina Lente」（ゆっくりと急げ）である。これはラテン語で、初代ローマ皇帝のアウグストゥス皇帝が好きだった言葉らしい。急がば回れ、とはまた違う。「ゆっくりと急げ」何か矛盾する言葉のようだが、あわてず、焦らず、あきらめず、一歩一歩が大切というふうに私は理解をしている。何があろうと、起ころうと、あわてふためく必要はないし、焦る必要もない。そして最後まで絶対にあきらめないことだろうと思う。

政権交代も含めて、政治が変わるためには、やはり時間がかかるわけで、一回の選挙で全部ひっくり返してうまくいくなどということはない。

仮に政権が変わったとしても、またその新たな政権に対しても市民は批判的に見て、チェックし続けていかねばならないわけだから、やはり長い目で見る必要がある。

一人一人の個人の幸せのための国家になっていくためには、何があろうと、「Festina Lente」で、最後まで絶対にあきらめないで、できることから人々が声を上げ、漸進するしかない。

おわりに

植草一秀

安倍政権はメディアを誘導して、その内容がブレ続けているアベノミクスを選挙争点に掲げて参院選に臨む偽装を凝らすが、真意が憲法改定にあることは隠しようがない。改憲勢力が衆参両院で3分の2以上の議席を占有すれば、憲法改定が強行される惧れが強い。緊急事態条項が加憲されれば、ナチスドイツと同類の独裁国家が出現することも否定し切れない。日本国憲法の基本原理が名実ともに破壊される危機が目前に迫っている。

戦争が推進され、「個人のための国家」から「国家のための個人」に逆転させられ、人権が制限される国家に日本が変質させられてしまう。戦争と弱肉強食に突き進む、この安倍政治の暴走を阻止して、平和と共生の日本に針路を再設定させる。私たちはいま、歴史的使命を、積極的な行動によって果たすべき重大な局面に立たされている。

この重要局面で、日本国憲法の本質を正確に、そしてわかりやすく私たちに伝えてくださっている第一人者である伊藤真先生から、日本の針路についてのお話を賜る機会を得たことに心から感謝申し上げる。伊藤先生は、戦争と弱肉強食から平和と共生に、日本政治の進路を大転換させるための主権者による運動であるオールジャパン平和と共生連帯運動の顧問をお引き受けくださっている。連帯運動では鳩山友紀夫元首相、原中勝征前日本医師会会長が最高顧問として運動を牽引されており、安倍政治暴走の現状を何としても止めなければならないと思う主権者の思いと行動は大きな広がりを示している。

昨年九月に戦争法が強行制定され、ついに本年三月二九日に施行されてしまった。このなかで日本国憲法の破壊を許さぬとの一貫した主張を展開し続けてこられた伊藤先生は、まさに東奔西走の活動を展開されている。その激務のなかで本書執筆の労を賜ったことに一人の市民として最大の感謝と敬意を表したい。

憲法破壊、戦争法だけでなく、原発稼働、TPP参加、辺野古米軍基地建設、格差拡大推進など、私たち日本の主権者の未来を左右する重大問題が山積している。主権者多数の同意を得て、これらの重大問題の決着が図られるのなら、それは日本国民の選択ということになるが、選挙結果の主要計数は、主権者多数が現政権を支えていないという重要事実を示している。

一票の格差が放置されているという問題もある。また、現行選挙制度の下で野党候補が乱立して安倍政権与党が得票率をはるかに上回る議席占有率を確保しているという問題もある。九九%の主権者の利益ではなく、一%の巨大資本の利益を追求する安倍政治を打破する方策はあるのか。それが本書を貫くテーマの一つだった。本書はその問いへの解答を明記する。それは民主主義の活用である。

「安倍政治を許さない！」と考える主権者が連帯し、大同団結すれば現状を変えられる。民主主義を正当に機能させて、私たちは日本政治を変えることができる。安倍政権与党に投票している主権者は、主権者全体の四分の一にしか過ぎない。この四分の一の支持で、議会多数議席が占有され、日本政治の方向が定められ、憲法まで改変されてしまうことは民主主義の機能不全を意味していると言わざるを得ない。

日本を支配してきた既得権勢力は、選挙の際に、主権者の意思が正しく投票結果に反映されないための各種工作を施している。マスメディア支配を通じた情報統制の影響は深刻だ。投票率引き下げが誘導されていることも見逃せない。同時に現状を打破しようとする側の対応に拙さがあったことも忘れてはならない。これらの諸点を綿密に再点検して対応するならば事態は一変するはずである。伊藤先生が提唱されている「ピンチはチャンス」「ゆっくり急げ」の言葉を心に刻み、一刻も早く日本政治刷新を実現しなければならない。

著者略歴

伊藤真（いとう・まこと）

1958年東京都生まれ。伊藤塾塾長。弁護士。81年司法試験に合格し、以後司法試験受験指導を開始。82年東京大学法学部を卒業。84年に弁護士登録。「合格後を考える」という独自の指導理念のもと、「伊藤メソッド」と呼ばれる革新的な勉強法を導入し、司法試験短期合格者の輩出数で全国トップクラスの実績を持つ。また「憲法の伝道師」として「一人一票」の実現に向けて精力的に活動を続けている。近著に『やっぱり九条が戦争を止めていた』（毎日新聞社）など。

植草一秀（うえくさ・かずひで）

1960年東京都生まれ。東京大学経済学部卒。大蔵事務官、京都大学助教授、米スタンフォード大学フーバー研究所客員フェロー、野村総合研究所主席エコノミスト、早稲田大学大学院教授などを経て、スリーネーションズリサーチ株式会社代表取締役。金融市場の最前線でエコノミストとして活躍後、経済政策論及び政治経済学の研究に移行。2015年6月「オールジャパン平和と共生」25％連帯運動を創設。2002年度第23回石橋湛山賞（『現代日本経済政策論』岩波書店）受賞。近著に『日本経済復活の条件』（ビジネス社）など。

泥沼ニッポンの再生　国難に打ち克つ10の対話

2016年7月9日　第1刷発行

著　者　伊藤　真　植草一秀

発行者　唐津　隆

発行・発売　株式会社ビジネス社

〒162-0805　東京都新宿区矢来町114番地 神楽坂高橋ビル5階
電話　03(5227)1602　FAX　03(5227)1603
http://www.business-sha.co.jp

〈編集協力〉加藤　鉱
〈カバーデザイン〉尾形　忍(Sparrow Design)　〈撮影〉城ノ下俊治
〈印刷・製本〉大日本印刷株式会社　〈本文組版〉エムアンドケイ
〈編集担当〉岩谷健一　〈営業担当〉山口健志

ISBN978-4-8284-1893-3